Clemens Craus

Opa, was ist Glück?

Anleitungen zum gelingenden Leben

MIX
Papier aus verantwortungsvollen Quellen
Paper from responsible sources
FSC® C105338
FSC
www.fsc.org

Clemens Craus

Opa, was ist Glück?

Anleitungen zum gelingenden Leben

2. überarb. Auflage 2018

Bibliografische Information der Deutschen Nationalbibliothek
Die Deutsche Nationalbibliothek verzeichnet diese Publikation in der Deutschen Nationalbibliografie;
detaillierte bibliografische Daten sind im Internet über http://dnb.d-nb.de abrufbar.

2. Auflage 2018

Herstellung: TRIGA – Der Verlag UG (haftungsbeschränkt),
GF: Christina Schmitt
Leipziger Straße 2, 63571 Gelnhausen-Roth
www.triga-der-verlag.de, E-Mail: triga@triga-der-verlag.de

Foto Coverhintergrund: oliverfeindt / photocase.de

Druck: Books on Demand GmbH, Norderstedt
Printed in Germany

ISBN 978-3-95828-164-6

Meiner Enkelin gewidmet

Inhaltsverzeichnis

1. Brief

Liebe Paula!

Heute habe ich mich entschlossen, Dir einmal einen Brief zu schreiben, um wenigstens schriftlich die Verbindung mit Dir zu halten. Leider sehen wir uns viel zu selten und haben deshalb kaum Gelegenheit, uns auszutauschen. Dabei denke ich (fast) jeden Tag an Dich! Denn immerhin stammt ein Viertel Deiner Gene (Erb-Anlagen) von mir – über Deinen Vater – und so bist Du bis zu einem gewissen Grad auch »ein Stück von mir«!

Du weißt ja, dass ich gern schreibe. Ich habe Dir – glaube ich – meine beiden Bücher schon einmal gezeigt, von denen das zweite (inzwischen) ziemlich dick ist (4. Auflage). Vielleicht hast Du ja mein Schreib-Talent geerbt (Dein Vater hat es auch, bloß hat er nicht so viel Zeit wie ich jetzt!).

Ich habe auch noch mehr von mir bei Dir entdeckt, z. B. Deine hohe »soziale Kompetenz«* (das stand doch in mehreren Zeugnissen – und deshalb nehme ich an, dass Du weißt, was das ist). Das merkt man aber auch in der Familie, besonders bei Deinem lie-

---

* Besondere Fähigkeit, mit Menschen gut umzugehen

bevollen Umgang mit Deiner kleinen Schwester und ganz besonders mit Deinem kleinen Bruder sowie jetzt mit Eurem süßen jungen Hund.

Außerdem hast Du wohl meine gewisse musikalische Begabung geerbt (wenn ich nicht so faul gewesen wäre, hätte ich es vielleicht auf dem Klavier zu etwas gebracht!), ebenso wie Dein Vater (und sein Bruder, Dein Onkel).

Vielleicht weißt Du auch, dass Du in eine »besondere« Familie hineingeboren wurdest, die in gewissem Sinn zur sog. »Elite« der Gesellschaft gehört, also zum »gehobenen Mittelstand«, der sich durch gute Ausbildung und gutes Einkommen auszeichnet. Da Dein Vater nicht schlecht verdient, stehen Dir alle Bildungschancen offen (das hängt bei uns leider immer noch auch vom Geldbeutel der Eltern ab, denn z. B. ein Studium ist ziemlich teuer). Und Bildung ist nicht nur die Voraussetzung für einen angesehenen, einträglichen und befriedigenden Beruf, sondern trägt auch ganz allgemein zur Lebensqualität bei, weil dem Gebildeten auch all das zur Verfügung steht (passiv und aktiv), was wir unter dem Begriff »Kultur« zusammenfassen. Natürlich muss nicht jeder studieren (wie Dein Vater) und der Mensch fängt nicht erst beim »Akademiker« an! Sondern jede Tätigkeit, die mit Fleiß, Ausdauer, Zuverlässigkeit, Pflichtgefühl, Engagement und »Hingabe« ausgeübt wird, ist ihres Lohnes und ihrer Anerkennung wert (z. B. von Deiner Mutter und Deiner Oma)!

Ich möchte Dir etwas mitteilen von meiner inzwischen 72-jährigen Lebens-Erfahrung, die durch nichts zu ersetzen ist – vor allem nicht durch gelerntes/angelesenes (Bücher-/Internet-)Wissen – natürlich nur, wenn Du und Deine Eltern nichts dagegen haben! Das Leben hat mich (leider/Gott sei Dank?!) so einiges gelehrt, und ich habe so manches bittere –, aber auch schöne – Erlebnis haben dürfen, von dem ich Dir – in ausgewählten Kapiteln – berichten möchte.

Du brauchst aber keine Angst zu haben, dass ich Dich jetzt mit Briefen bombardieren werde – ich möchte Dich wirklich nicht überfordern! Du kannst mir ja auch jederzeit sagen, wenn es Dir zu viel werden sollte! Aber wenn ich Dir hin und wieder einen Brief schreiben dürfte, wäre ich sehr glücklich (habe ich früher auch bei Deinem Vater gemacht). Und vielleicht hast Du dann ja auch einmal Lust, mir einen (kleinen) Brief zu schreiben?! Das würde mich ganz sicher unheimlich freuen! (altmodisch wie ich bin, finde ich Briefe immer noch persönlicher als Mails oder SMS, zumal man auch mehr schreiben kann).

Natürlich muss jeder Mensch seine eigenen Erfahrungen machen, denn nur durch (eigene) Fehler wird man klug. Und oft fällt es jungen Menschen auch schwer, die Erkenntnisse der Älteren zu verwerten, weil sie diese für zurückgeblieben und nicht mehr up to date halten. Aber das Menschsein als solches hat sich in seinen Grundzügen und im Wesentlichen im Lauf der Jahrhunderte und sogar der Jahrtausende eigentlich kaum verändert und die Lebens-Probleme, -Risiken, -Schwierigkeiten und -Aufgaben sind – abgesehen von den veränderten äußeren Umständen – im Grunde genommen dieselben geblieben, wie z. B. schon die Philosophie der alten Griechen (ca. 400–300 Jahre vor Christus) beweist. Du brauchst jetzt aber nicht zu befürchten, dass ich Dich mit tiefgründigen, komplizierten philosophischen Erörterungen belästige. Damit will ich Dich verschonen (vielleicht in einigen Jahren?!). Ich will Dir lediglich einige Hinweise geben auf eine gute Lebens-Führung und -Gestaltung als Wegweiser für Deine eigene Entwicklung, damit Du ein (möglichst) glücklicher Mensch bist und bleibst!

Du trittst jetzt allmählich ein in den Lebens-Abschnitt, den man »Pubertät« nennt und der so ziemlich der einschneidendste und wichtigste Deines ganzen Lebens ist. In ihm übernehmen vorübergehend Hormone die Regie und damit verbunden ist die Entdeckung der Sexualität, die bei Dir aus dem Mädchen eine Frau machen und vorübergehend für einige Verwirrung sorgen wird. Denn unter ihrem Einfluss wird das ganze Gehirn noch einmal umgebaut und umgemodelt, und erst nach der Pubertät sind deshalb einigermaßen verlässliche Aussagen möglich darüber, wie sich ein Mensch im Lauf seines Lebens voraussichtlich weiter entwickeln wird. (Denn unser Leben ist natürlich ein ständiger Entfaltungs- und Reifungs-Prozess, der erst mit dem Tod zum Stillstand kommt, und es bleibt deshalb auch später immer noch interessant und spannend)!

Die Pubertät dient der ersten Ablösung vom Elternhaus. Das klingt jetzt vielleicht noch abschreckend für Dich. Aber es bedeutet ja nicht, dass Du Deine Eltern nicht mehr so lieb haben kannst, sollst oder darfst wie bisher – im Gegenteil! –, sondern nur, dass Du nicht mehr so abhängig bist von ihnen wie als (kleines) Kind, vielmehr zunehmend selbstständig wirst, bis Du eines Tages ganz auf eigenen Beinen stehen und Dein eigenes Leben leben kannst als (sog.) Erwachsene – wobei wir immer auch noch kindliche Persönlichkeits-Anteile in uns behalten werden, z. B. Leichtigkeit, Unbeschwertheit, Lustigkeit, Albernheit, Spieltrieb/Spielfreude, Neugier, Abenteuerlust etc.

In Zusammenhang damit steht die Suche nach dem eigenen Weg und der eigenen Persönlichkeit (»Wer bin ich«?), die auch erstmalig in der Pubertät auftritt, und zunächst für große innere Unruhe und Unsicherheit sorgt: Du kannst Dich selbst noch nicht so richtig einschätzen, weißt noch nicht genau, was Du von Dir selbst (und den anderen) zu halten hast. Du hast Deine Stellung in der Gesellschaft und Deinen Platz in der Welt noch nicht gefunden. Du suchst deshalb nach (Vergleichs-)Maßstäben, Vorbildern (nicht nur der Eltern) und anderen Orientierungs-Punkten, d. h. sog. »Werten« (»Ethik« = Theoretische Lehre vom Guten) oder »Tugenden« (»Moral« = praktische Lehre vom richtigen Handeln), z. B. in der Gesellschaft, also was allgemein üblich, akzeptiert, gang und gäbe oder »eingebürgert« ist (»Gewohnheitsrecht«). Denn einerseits wollen wir nicht auffallen, sondern als Mitglied der Gemeinschaft anerkannt werden. Aber andererseits wollen wir uns auch von der Masse abheben und etwas Besonderes sein, d. h., unsere Individualität, also unsere persönliche Eigenart zum Ausdruck bringen. Daher die oft skurrilen Modetrends der »Teenager« (früher hießen die jungen Mädchen übrigens »Backfische«) und die gelegentlich schrillen Outfits der Jugendlichen, die manche Eltern »auf die Palme« bringen.

Zum Schluss möchte ich Dir noch sagen, dass ich/wir sehr stolz sind auf Dich – nicht nur, weil Du begabt, sportlich, hübsch, lieb, liebenswert und schon fast eine »junge Dame« bist (wie Dein Vater immer sagt), sondern auch einfach deshalb, weil Du unsere erste Enkelin bist – und allein das war/ist für uns ja schon etwas ganz Besonderes!

Viele liebe Grüße – auch an die übrige Familie! – von
Deinem Opa

2. Brief

Liebe Paula!

Heute schreibe ich Dir einen zweiten Brief – wieder mit einigen Hinweisen auf ein (hoffentlich) gelingendes Leben:

Wie Du sicher schon gemerkt hast, ist auf der Welt ganz allgemein – und damit eben auch in Deinem Leben – nicht alles so ideal und so optimal, wie wir es uns wünschen würden und wie wir es uns vielleicht als (kleines) Kind vorgestellt haben: weder die natürliche noch die künstliche (technische) Umgebung des Menschen noch die Menschen in unserer kommunikativen Umwelt, mit denen wir Kontakt haben und uns austauschen können. Nichts ist perfekt, vieles ist unvollkommen, manches funktioniert nicht so richtig, einiges geht auch schief und scheitert. Nicht umsonst steht in der Bibel – im »Alten Testament« (1. Buch Mose = »Genesis« 3, 14ff.) – die Geschichte der Vertreibung von Adam und Eva aus dem Paradies! Deshalb würden wir vieles gern verbessern, aber nur bei Wenigem sind wir als kleine Einzelwesen (Individuen) dazu in der Lage – schon eher, wenn wir uns zu größeren (Interessen-)Gruppen, z. B. Vereinen,

Verbänden (etwa Gewerkschaften oder Genossenschaften), kirchlichen oder politischen Gemeinden (Kommunen), Parteien, Selbsthilfegruppen, Interessen-Gemeinschaften o. Ä. zusammenschließen bzw. uns diesen anschließen. Denn »gemeinsam sind wir stark«!

Daraus dürfen wir nun aber nicht den Schluss ziehen, dass es auf dieser Erde nur Schlechtes, Schlimmes, Böses oder Ungenügendes, Unfertiges und Unvollkommenes gäbe. Vielmehr kann es uns immer wieder erstaunen und erfreuen, dass so vieles in unserem Leben gut und schön ist, sogar großartig und wunderbar, uns gefällt und erfüllt, gelingt und befriedigt, zu unserem Wohlbefinden und manchmal sogar zu unserem Glück beiträgt. Zum Beispiel hast Du immer genug zu essen – und zwar (fast) immer genau das, was Du möchtest und was Dir schmeckt –, und immer genug zum Anziehen – und zwar meistens Kleidungsstücke, die nicht nur praktisch und nützlich, sondern auch schön sind und Dir stehen, d. h. Dich schmücken und (noch) besser aussehen lassen. (Du merkst schon, dass es die kleinen, uns meistens selbstverständlich erscheinenden Dinge sind, an die ich Dich in diesem Zusammenhang erinnern möchte).

Die natürliche Schönheit des (nackten) menschlichen Körpers ist allerdings m. E. unübertrefflich, und die Künstler (z.B. Maler, Bildhauer, Dichter und Musiker) waren immer wieder von ihr fasziniert, haben sie gestaltet, dargestellt und besungen. Auch diese Erkenntnis möchte ich Dir ans Herz legen, wenn Du im Lauf Deiner Pubertät mit Deinem Körper in dieser oder jener Hinsicht vielleicht unzufrieden bist, wie das so üblich ist in dieser Entwicklungsphase.

Denn Dein Körper ist noch nicht »fertig«, sondern entwickelt sich noch und bekommt erst allmählich sein »endgültiges« Aussehen –, das sich natürlich auch wieder lebenslang verändert, weil das Älterwerden seine Spuren hinterlässt.

In Deiner Unzufriedenheit mit Deinem Körper drückt sich aber auch Deine allgemeine Unsicherheit aus über Dich, Deine Stellung in der Gesellschaft und in der Welt, Deinen (Selbst-)Wert, Deine »Bedeutung«, Deine Identität (»Wer bin ich?«) usw., so lange Du eben noch nicht erwachsen bist, Dich in der Welt noch nicht erproben und bewähren konntest und Dich selbst noch nicht richtig kennengelernt und gefunden hast – das ist also ganz normal und natürlich und muss logischerweise in diesen Jugend-Jahren einfach so sein, weil Du und Dein Körper noch in der Entwicklung sind und ihre endgültige Form noch nicht angenommen haben, und auch Dein Geist und Deine Seele – also Dein Charakter und Deine ganze Persönlichkeit – noch (hoffentlich) wächst und gedeiht (s.o.)!

Wenn mir ein Mensch besonders gut gefällt, ich mich von seinem Anblick (fast) nicht lösen kann, nur noch Augen für ihn/sie habe, wenn ich ihn/sie bewundere und begehre (als Partner/Partnerin), nennt man das »sich verlieben«. Das heißt: ich bin von diesem einen Menschen fasziniert – und die anderen sind dann plötzlich fast ganz unwichtig! –, weil ich nur noch mit diesem/dieser einen und einzigen möglichst (für) immer zusammen sein will, und ich mir etwas anderes – z. B. allein zu bleiben oder einen anderen Menschen zu lieben – überhaupt nicht (mehr) vorstellen kann. Aber nach einer gewissen Zeit – ca. ein halbes bis ein Jahr – wirst Du feststellen, dass auch dieser so heiß geliebte Mensch nicht perfekt ist, dass auch er seine Ecken und Kanten hat, seine Eigenheiten und Eigentümlichkeiten, möglicherweise auch seine Macken und Marotten, also seine vielleicht komischen oder schrulligen Verhaltensweisen und Gewohnheiten, die Dir (zunächst) merkwürdig vorkommen und die Dich vielleicht sogar stören. Erst wenn wir ihn/sie näher kennenlernen und erfahren, warum er/sie eben so und nicht anders (geworden) ist, können wir auch diese zunächst befremdlichen Eigenschaften lieben, d. h. den ganzen Menschen nicht nur so, wie wir ihn uns vorgestellt, gewünscht und erträumt haben – mehr oder weniger in unserer Fantasie –, sondern den wahren, tatsächlichen, realen Menschen,wie er wirklich ist, auch mit seinen Mängeln, Fehlern, Schwächen und Schattenseiten, die wir nämlich alle haben – also auch ich und Du! Und dann wird – im Idealfall – aus der Verliebtheit vielleicht echte Liebe, die den anderen Menschen nicht verklärt und idealisiert, sondern ihn ganz realistisch sieht und wahrnimmt, und ihn eben so akzeptiert und liebt, wie er nun einmal ist.

Damit bin ich bei meinen Lieblings-Thema angelangt – das ich auch in meinem dicken Buch behandelt habe –, nämlich der großen Bedeutung der »Wahrheit« für unser Leben und unser Glück. Schon Jesus sagte (Joh. 8, 32, 40, 44): »Die Wahrheit wird euch frei machen« – nämlich von der Lüge, der Verstellung, dem Betrug, der (Selbst-)Täuschung usw. Aber die Wahrheit ist auch deshalb ein so hohes Gut, weil sie für klare Erkenntnis der Wirklichkeit sorgt, also dessen, was ist, und uns damit den Durchblick verschafft, den wir brauchen, um mit dieser Realität zurechtzukommen.

Viele versuchen aber, ihr auszuweichen, ihr irgendwie zu entkommen, soz. die Augen vor ihr zu verschließen – besonders wenn sie ungünstig, unangenehm, lästig, peinlich oder Angst machend ist – man nennt das: »sich Illusionen machen«. Aber damit werden wir auf die Dauer Pech haben, denn die Wirklichkeit – und damit die Wahrheit! – ist stärker, und wird sich durchsetzen. Mit einer (Lebens-) Lüge können wir also nie gewinnen, sondern müssen letzten Endes immer scheitern.

Das heißt aber nun nicht, dass wir immer und überall, unter allen Umständen und unbedingt jederzeit die Wahrheit sagen müssen und nichts verschweigen dürfen! Vielmehr ist es nicht immer angebracht und sinnvoll, alles zu sagen, was man weiß! Sondern wir dürfen durchaus auch einmal Zuflucht nehmen zu einer Notlüge, wenn wir uns so z. B. aus einer misslichen Lage befreien können und niemandem damit schaden. Aber dann sollten wir (ziemlich) sicher sein, dass es keinem auffällt und nicht herauskommt, z. B. wenn wir jemanden vielleicht nicht sonderlich sympathisch finden, aber ihm das nicht gerade auf die Nase binden wollen!

Die Wahrheit ist auch deshalb so wichtig, weil sie Menschen authentisch macht, d. h., diese Menschen sind (fast) immer ehrlich und aufrichtig, verstellen sich nicht, tun nicht so als ob und bleiben sich selbst treu. Meistens merkt das Gegenüber diese positive Ausstrahlung, und spürt, dass man zu diesem Menschen Vertrauen haben kann. Das ist die beste Voraussetzung für eine gelingende Beziehung – sei sie privat oder beruflich – und damit auch für ein gelingendes Leben mit guten Freundschaften, auf die man sich verlassen kann. Aber noch einmal: nicht immer ist es gut, alles auszusprechen, was einem durch den Kopf geht oder auf der Zunge liegt. Manchmal muss man sich auch etwas verkneifen, wenn man das Gefühl hat: »Reden ist Silber, aber Schweigen ist Gold!«

Und ganz besonders in der Liebe ist die Wahrheit entscheidend, um den Anderen nicht zu verunsichern oder zu verletzen. Denn Vertrauen ist die Grundlage, die Basis und die Voraussetzung für eine dauerhafte Beziehung, die vielleicht auch heute noch ein Leben lang halten kann. Im Hebräischen bedeutet das Wort für Erkennen auch mit jemanden schlafen, weil wir beim Sex nicht nur körperlich, sondern auch seelisch nackt sind, uns also dem/der Geliebten anvertrauen und preisgeben. Deshalb ist gerade in der Ehe/Partnerschaft die Treue so wichtig und der Betrug mit einem/einer Anderen (das sog. »Fremdgehen«) so enttäuschend und verheerend, weil dadurch eben die Vertrauens-Basis zerstört wird und das Misstrauen die Oberhand gewinnt. (Heutzutage ist wenigstens die serielle Monogamie die Regel, also die Ausschließlichkeit der Liebe mit einem Partner/einer Partnerin, so lange man mit ihm/ihr zusammen ist, wobei dann eben der/die »feste« Freund/in in größeren Zeitabständen evtl. wechseln kann).

Und natürlich können wir unserem Partner/Partnerin einen »Seitensprung« auch verzeihen – wenn wir ihn/sie immer noch lieben – und deshalb muss ein »Sündenfall« auch nicht unbedingt gleich das Ende der Beziehung bedeuten! Schließlich sind (Ehe-)PartnerInnen ja nicht unser Besitz, sondern sie gehören immer noch (nur) sich selbst. Und vielleicht können die Zwei die Vergangenheit hinter sich/ruhen lassen/»vergessen« und noch einmal neu/ganz von vorne anfangen?! Aber das ist natürlich viel leichter gesagt als getan und kostet auf jeden Fall ganz erhebliche (Selbst-)Überwindung!

Viele liebe Grüße – auch an den »Rest« der Familie

Dein Opa

3. Brief

Liebe Paula!

Wie Du weißt, schreibe ich Dir Briefe, um aus meiner Lebenserfahrung heraus Dir zu einem möglichst glücklichen Leben zu verhelfen.

Aber was ist Glück überhaupt? Wenn man darunter ein (absolutes) Hochgefühl versteht, wo man soz. »high« oder (wie) im Rausch ist, dann ist klar, dass dieser Zustand nicht ewig dauern, sondern dass es sich nur um kurze Phasen, Episoden oder vielleicht sogar nur Momente handeln kann, die für unser Wohlbefinden insgesamt nur eine untergeordnete Bedeutung haben. Man hat z. B. festgestellt, dass das Glücks-Gefühl bei Lotto-Gewinnern, die mehrere Millionen gewonnen hatten, nur ca. ein Vierteljahr anhielt. Danach waren sie wieder genauso glücklich oder unglücklich wie vorher. Überhaupt ist das Lebens-Gefühl zu mindestens 50 Prozent (d. h. zur Hälfte) erblich bedingt, also verdanken wir es zu einem guten Teil unseren Eltern. Das ist auch nicht schlecht, denn auch von Unglück, Leid und Misserfolgen etc. haben wir uns spätestens nach einem halben Jahr wieder erholt, und es geht uns wieder (fast) genauso gut wie vorher. So hat man z. B. bei

Rollstuhlfahrern, die nach einem schweren Unfall querschnittsgelähmt sind, festgestellt, dass sie diesen Schock nach ca. einem halben Jahr (annähernd) überwunden hatten.

Die andere Hälfte unseres Glücks-Gefühls ist durch unsere Lebens-Umstände bedingt, die natürlich möglichst gut sein sollten. Aber äußerlich (materiell) sind sie für uns in Deutschland sowieso (fast) optimal, d. h., wir haben alles, was wir brauchen – und noch viel mehr, was wir eigentlich gar nicht unbedingt benötigen würden (»Luxus«). Das ist aber überhaupt keine Garantie für Glück, sondern im Gegenteil: »Die vielen Dinge machen arm« (Buchtitel). Denn je mehr wir haben, desto mehr wollen wir (»Fass ohne Boden«). Vielleicht kennst Du das Märchen vom »Fischer un sin Fru«, die auch immer mehr wollte und deshalb alles verlor. (»Was hülfe es dem Menschen, wenn er die ganze Welt gewönne, und nähme doch Schaden an seiner Seele?« – Mtth. 16, 26).

Natürlich ist es wichtig, dass uns die Güter des täglichen Bedarfs zur Verfügung stehen, z. B. dass wir nicht hungern oder frieren müssen, dass wir eine gesunde Umwelt haben mit sauberem Wasser und reiner Luft, aber auch eine intakte Familie und gute Freunde/Freundinnen und vor allem auch Selbst-Vertrauen, also Zutrauen zu unseren Fähigkeiten und Möglichkeiten sowohl des Geistes bzw. der Seele und des Herzens als auch des Körpers. Das fliegt uns allerdings nicht gerade so zu, sondern darum müssen wir ringen und kämpfen, uns anstrengen und bemühen, lernen und büffeln, üben und trainieren, uns durchbeißen und unseren »Inneren Schweinehund« besiegen, wenn wir z. B. keine Lust haben, Hausaufgaben zu machen, Sport zu treiben oder Klavier zu spielen usw. Aber wenn uns dann etwas gelungen ist und wir in Schule (später im Beruf) und Hobby Erfolg haben, wenn wir in der Familie geliebt und im Freundes/Freundinnen-Kreis anerkannt werden, dann geht es uns gut und wir sind vielleicht sogar glücklich. Aber vieles davon müssen wir uns eben erst verdienen und erarbeiten z. B. andere durch Freundlichkeit gewinnen oder durch Verlässlichkeit für uns einnehmen usw.

Erstaunlich wenig hat unser Glücksgefühl mit dem Geld-Vermögen zu tun. Wenn der Grund- und vielleicht auch noch ein bisschen der Luxus-Bedarf gedeckt sind – also jenseits eines Jahres-Einkommens von ca. 75.000 Euro – spielt eine weitere Gehalts-/Einkommens-Erhöhung auf die Dauer keine wesentliche Rolle mehr für unser Wohlbefinden.

Im Grunde genommen kann unser Lebens-Gefühl nämlich fast unabhängig sein bzw. werden von den äußeren Umständen und auch von anderen Menschen.

Denn der Schlüssel zum Glück liegt bei uns selbst, in unserer eigenen Seele – damit verrate ich Dir ein großes Geheimnis, das die meisten Menschen gar nicht kennen oder zumindest nicht umsetzen (in die Tat): Wir können uns (ziemlich) unabhängig machen von unserer materiellen und menschlichen Umgebung, wie uns viele Asketen (Genügsame), Eremiten (Einsiedler), Heilige, Märtyrer (die für ihren Glauben gestorben sind) und Gurus (= Weisheits-Lehrer) durch ihr Leben gezeigt und vorgelebt haben z. B. Jesus, Buddha, Mahatma Gandhi (d. h. »Große Seele«) = indischer Freiheitskämpfer oder Nelson Mandela (südafrikanischer Kämpfer gegen die »Apartheid« = Rassentrennung), der 27 Jahre im Gefängnis saß und trotzdem ein »glücklicher Mensch« war! Das heißt, wir können soz. beschließen bzw. uns dazu entscheiden, glücklich zu sein – in unserem Herzen und in unserer Seele! – egal wie andere sich zu uns verhalten, ob wir reich oder arm, jung oder alt, schön oder hässlich usw. sind! (Das soll natürlich überhaupt nicht heißen, dass uns die anderen egal sein und wir uns nicht um Bedürftige, Benachteiligte, Unterprivilegierte, Unterdrückte, Behinderte usw. kümmern sollen oder dass wir nicht lieben dürfen – im Gegenteil, s. u.)

Die Voraussetzung hierfür ist allerdings die bedingungslose Akzeptanz (Annahme) unseres Lebens – so wie es ist (d. h. ohne jegliche Pläne, Ziele, Hoffnungen, Wünsche und Sehnsüchte nach Veränderung und Verbesserung, nach »schöner, schneller, höher, weiter, besser« usw.). Daraus siehst Du schon, dass das nichts ist für junge Leute, die noch ihr ganzes Leben vor sich haben und sich noch entwickeln und entfalten, wachsen und reifen wollen, sollen und müssen, sondern erst für ältere/alte Menschen, die schon – mehr oder weniger – am Ziel ihres Lebens angekommen sind und es deshalb leichter haben, mit dem Vorhandenen und Erreichten zufrieden und glücklich zu sein – so wie ich!

Und dieses Glücks-Gefühl hat auch nichts zu tun mit dem »über den Wolken Schweben« oder den »Schmetterlingen im Bauch«, wenn wir z.B. verliebt sind, was leider irgendwann wieder abflaut und sich beruhigt – und dann vielleicht zur echten, dauerhaften Liebe wird (s. meinen letzten Brief). Sondern wenn Du in Dich gehst und mit Dir selbst im Reinen bist, dann bist Du (mit Deinem Leben – mit den anderen und mit Dir selbst) einfach zufrieden, und dieses Gefühl der Zufriedenheit – das auch »die kleine Schwester des Glücks« genannt wird – kann uns auf Dauer erhalten bleiben und uns unser ganzes Leben lang begleiten.

Das bedeutet aber nun auch wiederum nicht, einfach alles hinzunehmen und nichts zu unternehmen gegen (öffentliche) Missstände wie Armut und Ungerechtigkeit, Krankheit und Leid, Verwahrlosung und Lieblosigkeit, nicht gegen Laster und Verbrechen anzugehen usw. – im Gegenteil! Wir sollen und müssen uns für Notleidende einsetzen, uns um Arme, Schwache, Kranke, Alte, Hilflose und Leidende kümmern und versuchen, die Welt ein bisschen besser zu machen – sowohl in unserer unmittelbaren Umgebung (z. B. Familie, Nachbarn, Bekannte, Freunde/innen) als auch in der großen Welt (Politik usw.) – s. o.

Glücklich machen kann uns also auch eine (Lebens-)Aufgabe, ein Projekt, ein Thema, das uns erfüllt und beflügelt, für das es sich einzusetzen und zu kämpfen lohnt – z. B. den Frieden im »Kleinen« (unter den Menschen) und im »Großen« (unter den Völkern und Nationen), Gerechtigkeit oder Wahrheit, aber auch eine saubere Umwelt und ein (v)erträgliches Klima usw. Wenn wir so einen Auftrag zur Verbesserung oder mindestens zur Erhaltung der Welt o. Ä. in uns spüren, dann sind wir glücklich insofern, als unser Leben sich gut anfühlt und wir einen Sinn ahnen in dem, was wir tun (für uns und andere) – z. B. bei der Telefon-Seelsorge! (»Unser Leben währet 70 Jahre, und wenn's hochkommt, sind's 80 – Und wenn es köstlich gewesen ist so ist es Mühe und Arbeit gewesen« – Psalm 90, 10)

Und dieses Gefühl der Zufriedenheit hat auch sehr viel zu tun mit Dankbarkeit – also der Einstellung, dass wir alles, was wir haben und bekommen an materiellen Dingen und immateriellen Gütern, zu achten und zu schätzen wissen – schon allein deshalb, weil es viele Menschen in der sog. »Dritten Welt« (den Entwicklungsländern etwa in Afrika, Südamerika oder Asien) eben nicht haben, sondern vieles von dem entbehren müssen, was für uns selbstverständlich ist (z. B. sauberes, fließendes kaltes und warmes Wasser, Kanalisation, Abfall-Beseitigung, ein »Dach über dem Kopf«, Strom, Öl oder Gas, Heizung, Lebensmittel und Kleider im Überfluss, Autos, Handys etc.). Und z. B. Christen sind Gott dankbar für alles, was er ihnen schenkt – angefangen mit dem eigenen Leben und allem anderen, aber eben vor allem auch für diese Zufriedenheit oder dieses Glück.

In der Bibel steht auch folgender Satz, der uns vielleicht zunächst nicht so ohne Weiteres einleuchtet: »Geben ist seliger als Nehmen« (Apg. 20, 35). Aber evtl. hast Du auch schon selbst gemerkt, dass es noch mehr Freude macht – nicht nur dem anderen, sondern auch Dir selbst –, als etwas (geschenkt) zu bekommen, wenn Du einem anderen Menschen, den Du gern hast, etwas geben und ihm etwas Liebes tun kannst. Denn »geteilte Freude ist doppelte Freude« (Sprichwort).

Übrigens gibt es seit einigen Jahren in vielen Schulen Baden-Württembergs das Unterrichts-Fach »Glück«, das sich großer Beliebtheit erfreut. Das hat der ehemalige Rektor der Heidelberger Willy-Hellpach Schule, Ernst-Fritz Schubert, sich einfallen lassen und sich ein Curriculum (Lehrplan) dafür ausgedacht und ausgearbeitet, weil er wollte, dass die Kinder in seiner Schule nicht nur lernen, was die einzelnen Fächer zu bieten haben, sondern vor allem, wie man schön und gut leben kann. Dabei legte er hauptsächlich Wert auf die Entwicklung zwischenmenschlicher Fähigkeiten wie Vertrauen, Empathie (Mitgefühl), Solidarität (Gemeinschaftsgefühl, Zusammenhalt etc.) usw. – also »soziale Kompetenz« (s. meinen 1. Brief).

Aber ich möchte Dich nicht zu sehr langweilen, liebe Paula. Deshalb mache ich vorsichtshalber hier für diesmal Schluss. (Der nächste Brief kommt bestimmt!)

Damit für heute alles Liebe und Gute, viel Freude und »Glück«

Dein Opa

4. Brief

Liebe Paula!

Heute möchte ich Dir ein bisschen davon erzählen, was es bedeutet, erwachsen zu werden bzw. zu sein, was Du also noch vor Dir hast, was Du aber anstreben darfst, sollst und musst! Dabei kann ich Dir gleich verraten, dass wir immer noch irgendwo auch die Kinder bleiben, die wir einmal waren (das sog. »Innere Kind«) – Gott sei Dank, würde ich sagen, denn sonst wären wir ja immer nur noch ernst, streng, sachlich, nüchtern, gesittet, anständig, rechtschaffen, wohlerzogen, würdevoll, staatstragend, konservativ, pflichtbewusst, fleißig, ehrgeizig und Leistungs-orientiert – aber nicht (mehr) originell, neugierig, kreativ, verträumt, verspielt, heiter, albern, lustig und »glücklich«!

Erwachsen werden – danach sehnst Du Dich einerseits, denn das heißt, selbst über Dich bestimmen, Deine Ziele Dir selbst setzen und Deine Pläne selbst verwirklichen zu dürfen, Dich (mehr oder weniger) frei entfalten und selbstständig leben zu können, also nicht mehr von Deinen Eltern abhängig sein zu müssen, sondern z. B. auch Dein eigenes Geld verdienen zu dürfen (und zu müssen). Das ist also einerseits sehr befriedigend, wohltuend und vernünftig – außerdem bleibt Dir sowieso nichts anderes übrig! Andererseits ist es aber auch unangenehm, lästig, anstrengend, stressig und kann auch Angst machen, weil Du dann nicht mehr im Zweifelsfall einfach Dich auf Deine Eltern verlassen, ihnen die Versorgung und die Lebensgestaltung überlassen kannst, sondern Dich selbst um alles kümmern musst und niemand anderen mehr verantwortlich machen kannst, wenn mal etwas schiefgeht, und Du die Schuld dafür eben nicht mehr auf andere – z. B. Deine Eltern – schieben kannst.

Denn das ist das eigentliche Wesen, die Essenz, also der Grund-Gehalt und die Definition des Erwachsen Seins: die Verantwortung für uns selbst zu übernehmen, d. h. auch für unsere Fehler haften, für unsere Missetaten einstehen, für unsere Sünden büßen und für unsere Vergehen die Strafe auf uns nehmen zu müssen, aber auch zu wollen und zu können. Das bedeutet, nicht mehr uns vor unserer Verantwortung zu drücken und nicht mehr nach Sündenböcken für unsere eigenen Fehler zu suchen, sondern uns diese einzugestehen und deren Folgen zu tragen (»Gewissen«).

Und erstaunlicherweise schadet uns das überhaupt nicht – im Gegenteil! Denn wenn wir uns verantwortlich zeigen für uns selbst, kommt uns das sogar zugute: Wir fühlen uns kräftiger und stärker, unsere Persönlichkeit entwickelt sich dadurch weiter und wir bekommen auch vor allem mehr Selbstvertrauen. Wenn wir uns also als Erwachsene in diesem Sinn fühlen und benehmen, und bereit sind, uns der Gesellschaft und unserer selbst würdig zu erweisen, unsere Pflichten zu übernehmen und uns unseren (Lebens-)Aufgaben zu stellen, können sowohl die anderen als auch wir selbst uns mehr schätzen, achten und ehren. Wir gewinnen mehr Profil und Standhaftigkeit, mehr Stabilität und Selbst-Sicherheit, mehr Reife und Ruhe. Wir werden stressfester, d.h., wir regen uns nicht mehr so leicht auf, wir ärgern uns nicht mehr so schnell, und können so insgesamt ein ruhigeres und zufriedeneres Leben führen.

Aber dieser Prozess geht unser ganzes Leben lang immer weiter, ist also nie zu Ende oder abgeschlossen, sondern vielmehr unendlich und deshalb sind auch die Möglichkeiten der Selbst-Werdung und -Entfaltung letztlich fast unbegrenzt und unerschöpflich, und es ist eigentlich nie zu spät, noch etwas dazuzulernen und sich immer weiter zu entwickeln.

Dazu hat der berühmte Schweizer Psychologe C.G. Jung etwas Wunderbares gesagt: »Werde, der Du bist.« Er meinte also, dass wir die Anlagen zu unserer Persönlichkeit schon immer in uns tragen, unser Potential – also unsere Fähigkeiten, Talente und Begabungen etc. (in der Fachsprache auch »Ressourcen« = »Kraft-Quellen« genannt) – von Anfang an vorhanden ist, und wir dieses nur noch entdecken und zum Erblühen bringen müssten. Alles ist schon da – kommt also nicht von außen, sondern von innen! –, was wir nur suchen und finden und dann zum Ausdruck bringen müssen. Das klingt doch viel wertschätzender und auch viel einfacher und leichter, als wenn wir uns mühsam etwas Unbekanntes aneignen müssten, was wir noch gar nicht kennen, und uns zu etwas ganz Neuem entwickeln müssten, was uns noch verborgen ist/wäre!

Natürlich ist ein Kind dazu noch nicht in der Lage, es kann noch nicht für sich einstehen und sorgen und noch nicht sich selbst behaupten. Es ist noch nicht stark genug für ein eigenständiges Leben, sondern noch auf den Schutz und die Fürsorge, die (An-)Leitung und Führung der Eltern/durch die Eltern – und später andere Lehrer/Vorbilder/Idole etc. – angewiesen. Es kennt sich noch nicht aus in der Welt – und mit sich selbst! –, es hat noch nicht genug Erkenntnisse und Erfahrungen gesammelt, sein Welt-, Menschen- und Selbst-Bild ist noch unvollständig und lückenhaft. Leider müssen wir alle erst unsere Erfahrungen machen – nicht immer nur gute! –; sie bleiben keinem erspart. Aber das ist auch gut so, denn »durch Schaden wird man klug«, »aus Fehlern lernen wir« und nur aus Deinen eigenen Erlebnissen kannst Du tatsächlich schlau werden.

Also hab noch etwas Geduld mit Dir, Deinem Körper, Deinen Eltern und Geschwistern, Deinen

Großeltern, Deinen Freunden und Freundinnen und der ganzen Welt! Je älter Du wirst, desto besser kannst Du sie und Dich verstehen und desto klarer wird Dir manches, was Dich jetzt noch vielleicht verunsichert und verwirrt!

In diesem Sinne wünsche ich Dir, dass Du noch ein bisschen Deine Kindheit genießen kannst

Dein Opa

PS (Postskript = Nachschrift):
In diesem Zusammenhang wollte ich Dir noch ein Geheimnis verraten: Die Schule ist nicht das Wichtigste im Leben eines Kindes und eines Jugendlichen! Sicher sind gute Noten im Abschluss-Zeugnis (Abitur) wichtig, wenn Du einen Ausbildungs- oder Studien-Platz möchtest, weil der Zugang oft aufgrund der Noten beschränkt ist/wird (»numerus clausus«). Aber noch wichtiger ist (mir) Dein Glück oder zumindest Dein Wohlbefinden, Deine Selbst-Sicherheit und Deine Ausgeglichenheit (s. o. und u.).

Und den wahren Wert eines Menschen kann man sowieso nicht an seinen Schul-Noten ablesen. Wahrscheinlich weißt Du auch schon, dass Dein Papa einmal sitzen geblieben ist, und Dein Onkel sogar zweimal – und beide haben es trotzdem zu etwas gebracht (nicht nur beruflich). Dieses Schicksal teilen sie übrigens mit vielen berühmten Männern (und Frauen)! Und wenn erst einmal der Eintritt ins Berufsleben geschafft ist, spielen Schulnoten eigentlich keine Rolle mehr!

5. Brief

Liebe Paula!

Nachdem ich die Vorbereitungen zur 4. Auflage meines Buches (»Psychoanalyse für den Alltag«) – mit ca. 1200 Seiten! – abgeschlossen habe, nehme ich mir heute für Dich ein sehr großes, ja gewaltiges Kapitel vor, wozu ich (wahrscheinlich) drei Briefe brauche, und vieles nur andeuten kann:

Es soll um die Psyche (Seele) des Menschen gehen, also die menschliche Persönlichkeit, wie sie entsteht und funktioniert – oder auch nicht –, welche Eigenschaften und Besonderheiten sie hat und wie wir sie – d. h. uns selbst! – weiterentwickeln und damit evtl. verbessern können usw. Dazu kann ich Dir jetzt und hier schon verraten, dass wir die letzten Geheimnisse unserer Seele wohl nie ganz ergründen können, und dass wir deshalb im tiefsten Grund auch uns selbst immer ein Rätsel bleiben werden (»Wie konnte ich nur …?«).

Aber das ist vielleicht auch gut so, denn sonst könnte man uns ja mit einer Maschine verwechseln, die »wie geschmiert« läuft, deren Bau- und Schaltplan wir einfach studieren könnten und deshalb ganz genau kennen würden. Ich weiß allerdings nicht, ob dieser Vorbehalt allen Fachleuten für die Psyche – den Psychologen und Psychotherapeuten, den Nervenärzten und Psychiatern (Fachärzten für Geisteskrankheiten) – immer wirklich so ganz bewusst ist. Manche besonders überkandidelte Exemplare dieser Gattungen überschätzen sich und ihre Wissenschaft und glauben vielleicht, wirklich alles zu wissen und neigen damit wohl zu vorschnellen und einseitigen Deutungen und Beurteilungen des Verhaltens eines Menschen, ohne an seine Dunkelkammern und Verließe, seine Abgründe und Untiefen (seichte, flache Gewässer), seine Schmutzecken und Rumpelkammern, seine Keller-Gewölbe und »Katakomben« (unterirdische Grabkammern im alten Rom) zu denken, wo vielleicht so manches versteckt und verborgen (Sigmund Freud nannte das »verdrängt«) ist, was nicht ans Tageslicht kommen soll und das Licht der Öffentlichkeit (und des eigenen Bewusstseins!) scheuen muss.

Damit sind wir schon mittendrin in dieser Wissenschaft der sog. »Psychoanalyse«, die der jüdische Wiener Nervenarzt Dr. Sigmund Freud um die Jahrhundertwende (1900) ge/erfunden hat, indem er ganz kritisch, aber vorbehalt- und furchtlos in sein eigenes Inneres blickte, sich selbst analysierte (erforschte) und vor allem, indem er seinen Patienten (meist Frauen) ganz langmütig, geduldig, konzentriert, intensiv und wirklich interessiert zugehört hat – auf die Idee war vorher noch kein Psychiater gekommen! Dabei lernte er, dass es in der menschlichen Seele eine (un)heimliche Kraft gibt, die uns normalerweise gar nicht bewusst wird, weil sie ziemlich im Verborgenen wirkt und sich nur indirekt bemerkbar macht, aber umso mächtiger ist und uns insgeheim beeinflusst, weitgehend bestimmt und steuert, eigentlich ohne dass wir es direkt merken (S. Freud: »Der Mensch ist nicht Herr im eigenen Haus«). Nur wenn wir darüber nachdenken, dass wir z. B. etwas ganz anderes gesagt oder getan haben als das, was wir eigentlich wollten, kommt uns das merkwürdig vor und wir wundern uns vielleicht über uns selbst (s. o.). Freud nannte diesen Teil unserer Psyche das »Unbewusste«, also etwas, mit dem wir zunächst gar nicht rechnen, weil wir glauben, dass wir uns nur nach unserem Verstand und unserer Einsicht richten, und immer über alles in unserem Inneren Bescheid wissen. Aber tatsächlich werden wir von starken »unterirdischen« Kräften gelenkt und beherrscht, die Freud die »Triebe« nannte. Damit meinte er aber nicht nur den Geschlechts- oder Fortpflanzungs-Trieb (»Sex«), den Selbsterhaltungs-, Selbstbehauptungs- oder (Über-)Lebenstrieb, den Erwerbs- und Gestaltungs-Trieb (»Kreativität«), den Trieb zur Geselligkeit und Kommunikation (Austausch mit anderen) usw., sondern einfach alles, was sich in diesem »Unbewussten« angesammelt hat, von dem wir eigentlich zunächst gar nichts wissen (können), aber dessen (manchmal schlechtem) Einfluss wir trotzdem ständig unterliegen. Dabei fand er heraus, dass in dieser Gruft (Grabkammer) oder Krypta (Raum unter einer Kirche) unserer Seele auch all das »vergraben« ist, was uns unangenehm, lästig, peinlich, unbequem oder schmerzhaft war/ist, was wir nicht wahrhaben wollen, sondern (ver)leugnen, wessen wir uns schämen, wovor wir unser Bewusstsein verschließen, was wir ausblenden und am liebsten »vergessen« würden (wenn das einfach so »auf Kommando« ginge!).

Deshalb haben wir es aus unserem Bewusstsein verbannt und verdrängt, und dann landet es in dieser Abstellkammer unserer Psyche, wo es aber nicht einfach nur so herumliegt, sondern uns ständig bedrängt und bedrückt, stört und aufregt, ängstigt und verunsichert, beunruhigt und nervt, ohne dass wir zunächst wissen, wo diese »Schatten« (so nannte sie der Züricher Psychoanalytiker C.G. Jung) und »Komplexe« (so nannte sie der Wiener Psychoanalytiker Alfred Adler) eigentlich herkommen.

Da es Freud gelang, in seinem Behandlungszimmer in der Wiener Berggasse 19 eine so lockere und entspannte Atmosphäre der Geborgenheit zu schaffen, dass seine Patientinnen bereit waren, ihm einfach alles zu erzählen, was ihnen in den Sinn kam und ganz spontan einfiel–, ohne darüber nachzudenken und soz. ohne Hemmungen »frisch von der

Leber weg« (sie durften sich auf eine Couch legen und haben dann gelegentlich im Halbschlaf gesprochen) –, konnte er auf diese teilweise ganz unzusammenhängenden oft scheinbar wirren und manchmal sinnlos erscheinenden Äußerungen sich im Laufe der Zeit einen Reim machen und soz. zwischen den Zeilen lesen, also allmählich die Sprache des Unbewussten verstehen, die oft ganz geheimnisvoll und verklausuliert ist. Dabei nützte ihm seine Entdeckung, dass unsere Träume – die auch aus dem Unbewussten kommen (die Traumdeutung ist nach Freud »Der Königsweg zum Unbewussten«) – eine ganz ähnliche Sprache sprechen, und indem er zunächst seine eigenen Träume – an die er sich gut erinnern konnte – analysierte (untersuchte) und deutete, also ihren geheimen Sinn erriet und ergründete (»Die Traumdeutung« 1900), gelang es ihm auch, diese spontanen Äußerungen seiner Patientinnen zu verstehen, und ihnen so einen Zugang zu ihrem eigenen Unbewussten zu eröffnen. Das war insofern heilsam – also psychotherapeutisch wirksam –, als schon diese Bewusstmachung ihnen half, mit diesen bis dahin (noch) ungelösten – eben verdrängten – Problemen, Konflikten, Ängsten, Zwängen, Kränkungen und anderen traumatischen (= verletzenden) Erlebnissen fertig zu werden, d. h. sich beschäftigen und auseinandersetzen zu können, was ihnen schon einen Teil ihres Einflusses und ihrer Wucht nahm und den Frauen die Möglichkeit gab, gezielt und nachhaltig – ge/unterstützt durch den verständnisvollen, einfühlsamen Psychoanalytiker/die Psychoanalytikerin – überhaupt an sie heranzukommen, sie an- und auszusprechen, was oft schon Erleichterung brachte und manchmal sogar schon die (Er-)Lösung bedeutete, z. B. von Verstrickungen in der Familie bzw. mit (Ehe-)Partnern/Partnerinnen oder vielleicht ganz unnötigen Schuldgefühlen, also soz. bereits die Heilung ergab, weil sie mit ihm/ihr auch die dazugehörigen Gefühle (Unruhe, Ängste, Panik, Verzweiflung, Depression usw.) besprechen, noch einmal durchleben und dann hinter sich lassen konnten – und zwar in einer ganz geschützten und sicheren (therapeutischen) Situation – unter der Obhut des väterlichen Psychoanalytikers, unter den Augen der mütterlichen Psychoanalytikerin, mit seiner/ihrer Hilfe, Unterstützung, Beistand, Begleitung und seiner/ihrer uneingeschränkten Akzeptanz (= Zustimmung), sodass sie sich – trotz dieser unangenehmen, peinlichen und schmerzhaften Gefühle – wohlbehalten und sicher fühlen, sie deshalb überhaupt zulassen, an sich heranlassen und aushalten konnten, ohne gleich wieder in Angst und Schrecken zu geraten, in Panik und Verzweiflung zu verfallen und ohne befürchten zu müssen, dafür getadelt, gerügt, beschimpft oder bestraft zu werden, wodurch eben die Verdrängung aufgehoben und damit unwirksam wurde/wird (s. o.) und sie wieder mehr Selbst-Sicherheit und Zuversicht, mehr Lebens-Freude und Souveränität (Selbstständigkeit/ Selbst-Vertrauen/ Selbst-Sicherheit) gewannen/ gewinnen (S. Freud: »Wo Es war, soll Ich werden«). Der altgriechische Philosoph Aristoteles nannte diesen Vorgang (im Theater) »Katharsis«, d.h. Reinigung – m.E. eine sehr treffende und anschauliche Bezeichnung!

Übrigens landet in unserem Unbewussten auch all das, was wir als Kleinkind erlebt – aber damals noch nicht verstanden! – haben, also (atmosphärische) Eindrücke, Gefühle, Empfindungen, Stimmungen (z.B. Geborgenheit, Sicherheit Nähe, Wärme, Zuwendung und Liebe – oder aber vielleicht auch Verlassenheit, Unzuverlässigkeit, Ängste, Befürchtungen, Hoffnungen und Sehnsüchte), für die wir damals als (fast) unbeschriebene Blätter sehr empfänglich waren, die uns somit tief beeindruckten, die wir ganz intensiv erlebten und die deshalb in unserem biographischen (Lebens-geschichtlichen) Gedächtnis haften bleiben (evtl. schon im Mutterleib). Somit entdeckte Freud auch die ungeheure Bedeutung, die Erlebnisse unserer (frühen) Kindheit für die weitere Entwicklung unserer Persönlichkeit und damit für unser ganzes Leben haben!

Aber da wir in dieser frühen Kindheit noch nicht (richtig) sprechen können, gehören diese Inhalte einer vorsprachlichen Ära unseres Lebens an, und wir können sie deshalb auch nur schlecht, schwierig und mühsam verbal (sprachlich) ausdrücken und formulieren – z.B. in der Psychoanalyse –, weil sie überwiegend aus Bildern und Gefühlen bestehen, die nicht in unserem Geist, sondern soz. in unserem Herzen bzw. im ganzen Körper gespeichert sind (»Körper-Gedächtnis«). Daraus erklären sich auch z. B. gewisse (Körper-)Haltungen, (unwillkürliche) Bewegungen und Verspannungen, Gesten (Handbewegungen) und Mimik (Gesichtsausdrücke) etc. die uns gar nicht bewusst sind (»Körpersprache«), mit denen sich die »Psychosomatik« beschäftigt, d. h. die Lehre von den Zusammenhängen zwischen Körper und Seele (griech. »Soma« = Körper).

Das war jetzt erst einmal eine (»kurze«) Einleitung zu diesem Kapitel. Im nächsten Brief werde ich dann versuchen, Dir zu erzählen, was aus diesem »psychoanalytischen« Ansatz bis heute – nach ca. 100 Jahren! – geworden ist, welche psychischen Störungen und Krankheiten man damit behandeln kann und welche Auswirkungen diese Psychotherapie-Methode Freuds auf uns alle, unsere ganze westliche Zivilisation (= kulturelle und technische Umwelt) und das Selbst-Verständnis jedes Einzelnen hatte und immer noch hat (einige Ausdrücke und Begriffe von ihm sind ja in die Alltags- und Umgangs-Sprache übernommen worden – s. o.).

Freud war übrigens in Bezug auf die Möglichkeiten der Verwirklichung von »Glück« im Leben eines Menschen sehr pessimistisch (skeptisch), also wenig hoffnungsvoll, weil er annahm: »Die Absicht, dass der Mensch glücklich sei, ist im ›Plan der Schöpfung nicht enthalten« (S. Freud: »Das Unbehagen in der Kultur« 1930).

Damit lass es Dir gut gehen und bis bald

Dein Opa

6. Brief

Liebe Paula!

In meinem letzten Brief habe ich mich hauptsächlich mit dem Unbewussten beschäftigt, also jenem Teil unserer Psyche, in dem all die Dinge abgespeichert wurden/werden, die wir aus unserem Bewusstsein – also unserem Alltags-Ich – verbannt haben und die uns deshalb nicht so ohne Weiteres zugänglich sind.

Aber dieses Unbewusste soll den größten Teil unseres »Selbst« – also unserer Persönlichkeit – ausmachen: Freud hat unsere Psyche mit einem Eisberg verglichen, von dem das meiste unter Wasser eintaucht, und nur ein kleiner Teil (die Spitze) aus dem Wasser herausragt. Nur diese »Spitze des Eisbergs« sei unser bewusstes »Ich«, also der Teil unserer Persönlichkeit, mit dem wir im Alltag rechnen, auskommen, operieren und handeln, der uns geläufig ist und den wir – ohne die Erkenntnisse der Psychoanalyse – schon für unsere ganze Seele halten würden. Aber da dieses »Ich« (lateinisch »Ego«) nur so klein ist, ist es auch relativ unbedeutend, schwach und hilflos, wenig durchsetzungsfähig und deshalb abhängig – eben von diesem riesigen Unbewussten (dem unter Wasser schwimmenden Teil des Eisberges), das aus der Tiefe unserer Psyche heraus uns steuert und lenkt, uns Befehle erteilt und die Richtung vorgibt, ohne dass wir zunächst viel dagegen tun können. Die einzige Möglichkeit für unser bewusstes Ich, sich gegen diese unbewussten Einflüsse zu behaupten, ist die Bewusst-Machung, die eben etwa in der Psychoanalyse geschieht – z. B. durch Ver-/Auswertung der spontanen Äußerungen der Patientinnen, die nicht unter der Regie des Bewusstseins (= »Ich«) zustande kamen und deshalb die im Un(ter)bewussten gespeicherten Informationen »ungefiltert« wiedergeben – daher auch die Bezeichnung »Tiefen-Psychologie« (s. meinen letzten Brief).

Und darüber – über diesen zwei Bereichen/Zuständen der Psyche (»Bewusstes« = »Ich« und »Unbewusstes« = »Es« s. u.) – steht dann noch das von Freud so genannte »Über-Ich«, mit dem er das Gewissen meinte, also jene innere Instanz (»Dienststelle«), die uns an- und vorgibt, was Recht und Unrecht, Gut und Böse ist, was wir also (eigentlich) tun oder nicht tun sollen –, was man in der Philosophie als »Moral« oder »Ethik« bezeichnet (s. o. und u.).

Seine Maßstäbe dieses sog. sittlichen Denkens und Handelns soll dieses »Über-Ich« im Wesentlichen von den Eltern übernommen haben – und zwar viel eher von ihren Taten als von ihren Worten (Anweisungen, Belehrungen, Ermahnungen, Vorhaltungen etc. –

der sog. »Erziehung«), und deshalb ist ihr Vorbild im wirklichen Leben – also im Alltag – so wichtig, weil ihre Kinder sich da das meiste abgucken und nachahmen für ihr eigenes Verhalten. Und da klafft eben manchmal eine Lücke, indem (auch) Eltern hin und wieder etwas anderes tun, als das, was sie ihren Kindern predigen und verkündigen. Und darum ist gerade bei Eltern die Übereinstimmung zwischen Reden und Handeln so wichtig, damit ihre Kinder nicht verwirrt werden und gar nicht mehr wissen, was jetzt recht und richtig ist/sein soll. Man nennt das »authentisch« sein, also ehrlich, aufrichtig und mit sich selbst identisch, d.h. stimmig (Übereinstimmung von Worten und Taten)! s.o.

Denn die inneren Bilder – wie Freud sie nannte –, die wir von unseren Eltern schon in der frühen Kindheit in uns aufgenommen und dann verankert haben (ganz unbewusst und »automatisch«), prägen auch unsere eigene Persönlichkeit sehr stark und machen einen wesentlichen Teil von ihr aus (»ganz der Vater«/»das hast du von mir« usw.). Und so wie unsere Eltern mit uns umgegangen sind – im Guten wie im Schlechten! – gehen auch wir oft ein ganzes Leben lang mit uns selbst um. Das heißt, wenn Deine Eltern warmherzig, liebevoll und wertschätzend mit Dir umgegangen sind (davon gehe ich bei Dir/Euch aus!), dann kannst auch Du »gut« zu Dir selbst sein, Dich »liebevoll« behandeln, hast eine genügende Selbst-Achtung und ein »gesundes« Selbstwertgefühl.

Deshalb können wir letzten Endes mit uns selbst nur dann in Ruhe und Frieden leben, wenn es uns gelingt, unseren Eltern zu verzeihen, d. h., ihnen das zu vergeben, was sie möglicherweise falsch gemacht, an uns versäumt, wo sie uns evtl. vernachlässigt oder verletzt haben usw. Wenn wir zu der Einsicht gelangen, dass sie »einfach nicht anders konnten«, weil sie eben auch aufgrund ihrer eigenen (möglicherweise schlechten) Erfahrungen so geworden sind, wie sie sind, und trotzdem versucht haben, »ihr Bestes zu geben«, dann können wir sie so nehmen, wie sie sind, und damit auch uns selbst mit Akzeptanz und (Selbst)Achtung begegnen.

Um zur »Ethik« zurückzukehren (s. o.): Manchmal ist es aber auch in der Tat sehr schwierig zu entscheiden, was gut und richtig ist, und eine Situation kann wirklich so verzwickt sein, dass Du tatsächlich nicht weißt/wissen kannst, was Du tun oder lassen sollst. Wenn z. B. Deine beste Freundin etwas angestellt oder ausgefressen hat, und Du sie einerseits zwar nicht verraten, aber andererseits auch nicht lügen willst – sog. »Dilemma« (= Zwangslage/Konflikt/unlösbares Problem/ausweglose Situation u. Ä.)!

In diesen Fragen von Ethik und Moral soll übrigens der Vater (noch) wichtiger sein als die Mutter, weil er – nach Freud – das Gewissen als solches verkörpert, nämlich die Strenge und Härte der Erziehung (stimmt so absolut sicher nicht!). Und er sei auch deshalb innerhalb der Familie angesehener, weil er (mehr) für die Darstellung und Vertretung derselben nach außen zuständig und verantwortlich sei – eine heute sicher veraltete Vorstellung, weil zzt. ja auch immer mehr Frauen berufstätig sind und damit in der Öffentlichkeit auftreten!

Auch dieses »Über-Ich« ist dem »Ich« oft überlegen und bestimmt deshalb sein Handeln so stark, dass das arme, kleine, schwache »Ich« sich fast nicht dagegen wehren und behaupten kann, weil es diesem (schlechten) Gewissen soz. ausgeliefert ist und seinen Befehlen einfach gehorchen muss. Das nennt man dann einen »Zwang«, z. B. immer absolut perfekt, also vollkommen sein zu müssen (was ja sowieso unmöglich ist) und im Extrem-Fall sich zu einer »Zwangs-Neurose« auswachsen kann – nämlich dann, wenn dieses (zu) strenge Über-Ich das ganze Leben beherrscht und das »Ich« gar keine Wahlmöglichkeit mehr hat – einen sog. freien Willen, von dem manche Psychologen sowieso annehmen, dass es ihn gar nicht gibt, weil eben z. B. das Unbewusste das Sagen hat. Aber auch dieses Unbewusste gehört natürlich zu uns, und verkörpert den wichtigsten Teil unserer eigenen Persönlichkeit (s. o.).

Diese sog. »Neurose« wird von Freud deshalb als Krankheit bezeichnet, weil sie den Betr. leiden lässt – unter sich selbst! – und dieser Leidensdruck ist ja auch das, was den Patienten zum Nervenarzt oder zum Psychotherapeuten führt –, weil er etwas sagen oder tun muss, was er eigentlich gar nicht will und ihm deshalb fremd ist, und auch weil er unter diesem Zwang oft so auffällig sich benehmen muss, dass andere sich über ihn wundern, ärgern oder aufregen, ihn verachten oder auslachen und deshalb vielleicht nichts mehr mit ihm zu tun haben wollen, aber auch weil er selbst sich seiner nicht mehr ganz sicher ist, d. h. sich selbst nicht »über den Weg traut« und sich selbst »fremd« ist bzw. wird!

Die psychotherapeutische Strategie (Verfahrensweise) dagegen muss logischerweise der Versuch sein, das »Ich« zu stärken und zu kräftigen, aufzubauen und zu ermutigen, also dem Menschen z. B. von Seiten des Psychoanalytikers/der Psychoanalytikerin so viel Rückendeckung und Bestätigung zu geben, dass sein Selbst-Vertrauen wächst, sein »Ich« somit größer und mächtiger wird, und er sich gegen seine beiden anderen Instanzen – die ihn »von unten« (das Unbewusste) und »von oben« (das »Über-Ich«) bedrängen und gängeln wollen – wieder durchsetzen kann. Das geschieht dann eben – wie Du schon gelernt hast –, indem der Patient seine unbewusst gewordenen sog. Verdrängungen (s. o.) sich ins Bewusstsein zurückruft und dort dann durcharbeiten kann – mit Hilfe des Psychoanalytikers/der Psychoanalytikerin –, wozu aber eben ganz schön viel Mut, Tatkraft und Entschlossenheit – zur »Selbst-Erkenntnis« – sowie Selbst-Vertrauen, aber auch Vertrauen zum Therapeuten/in nötig ist, damit er sich auf ihn/

sie bzw. auf den therapeutischen Prozess einlassen kann.

So ergibt sich also nach Freud so eine Art Drei-Schichtung der Psyche in drei Etagen, soz. drei Ebenen, auf bzw. in denen sie funktioniert: unten das »Unbewusste«, in der Mitte das »Ich« – soz. als Vermittler zwischen den beiden anderen und als ausführendes Organ derselben, aber auch (normalerweise) als der eigentliche Kapitän des Lebens-Schiffes, der den Kurs angibt! – und darüber das »Über-Ich« als moralische Instanz. In dieser Dreiheit hat Freud die untere Ebene also das »Unbewusste« auch das »Es« genannt (s.o.), womit er andeuten wollte, dass dieser Bestandteil der Seele des Menschen etwas unpersönlicher, also weniger individuell ist. Sein Schüler C.G. Jung (s.o.) ging sogar von einem »kollektiven Unbewussten« aus (»Kollektiv« = eine Gemeinschaft), weil er meinte, dass wir dieses Unbewusste mit (den) anderen Menschen gemeinsam haben oder dass es in einem Stamm, einem Volk, einer Nation oder vielleicht sogar der ganzen Menschheit ein größeres »Unbewusstes« gibt, an dem wir als seine/ihre Angehörigen und Mitglieder zumindest Anteil(e) haben.

Diese Konstruktion hat Freud (und Jung) aber mehr aus didaktischen (= lehrtechnischen) Gründen entworfen, hat also eine solche Gliederung eigentlich nur zum besseren Verständnis eingeführt, um die einzelnen Funktionsbereiche der Psyche in der Lehre (an der Universität) besser vermitteln zu können. Er meinte also nicht, dass diese Bereiche der menschlichen Seele streng getrennt seien – sie gehören natürlich eng zusammen, und bilden im Grunde genommen eine Einheit, stellen also nur verschiedene Aspekte (= Ansichten) desselben Phänomens – eben der Psyche des Menschen – dar.

Damit hast Du vielleicht einen ersten Eindruck bekommen davon, wie man sich die Seele des Menschen unter wissenschaftlichen Gesichtspunkten vorstellen kann. Natürlich gibt es noch viele andere Modelle und Entwürfe derselben – bei einem so komplizierten Räderwerk wie der menschlichen Psyche ist das ja auch nicht verwunderlich! –, aber die Psychoanalyse ist sicher das/der Bedeutendste, hat sich am meisten durchgesetzt und unser ganzes Denken am stärksten beeinflusst.

Im nächsten Brief verliere ich noch ein paar Worte über die Neurose – die Krankheits-Entdeckung/Erfindung Freuds (die er vielleicht selbst hatte?!) – und ihre Auswirkungen auf uns.

Damit ganz herzliche Grüße an alle – besonders natürlich an Dich!

Dein Opa

7. Brief

Liebe Paula!

Heute will ich Dir noch etwas mehr über das Thema »Neurose« schreiben (vgl. z. B. S. Freud: »Das Ich und das Es« von 1923):

Das soll – nach Freud – die Krankheit sein, die dadurch entsteht, dass wir unsere Probleme, Konflikte (Streit, Auseinandersetzung usw.), Ängste, Phobien (= umschriebene Ängste, z. B. vor Spinnen) etc. nicht wahrhaben – und uns mit ihnen nicht beschäftigen/auseinandersetzen – wollen, sondern sie unter den Teppich (des Unbewussten) kehren, d. h. verdrängen, verleugnen, verschieben, vergessen usw., also aus unserem Bewusstsein verbannen. Dann geraten sie aber außer Kontrolle (unseres »Ich«) und machen in diesem »Schattenreich« gerade, was sie wollen. Das heißt, sie lassen uns keineswegs in Ruhe, sondern ängstigen uns immer mehr und veranlassen uns dadurch zu Ausweich-Manövern (sog. »Abwehr-Strategien/Mechanismen«), also einem zunehmenden Vermeidungs-Verhalten (»Flucht vor sich selbst«) um diese Tabus (= »Rühr mich nicht an«) herum, d. h., sie engen unseren (seelischen) Bewegungsradius und unseren (geistigen) Horizont immer mehr ein, bedingen also wachsende Unfreiheit und Zwanghaftigkeit (s. meinen letzten Brief).

Und erst wenn wir es wagen, an diese ungelösten Probleme heranzugehen – meist unter dem Schutz eines/einer Psychotherapeuten/in (Psychoanalytikers/Psychoanalytikerin) – und uns für eine Lösung (z. B. auch von einem Menschen, der uns schadet) zu entscheiden, d. h. auch einen Verlust in Kauf zu nehmen, und wieder ehrlich zu uns selbst zu sein, werden wir von diesem Druck (des Zwanges/der Zwänge) erlöst und von dieser Angst – vor uns selbst (und dem, was da an vermeintlich Schrecklichem in unserem »Keller« haust und rumort) – befreit (s. 5. Brief).

Neuerdings nimmt man an, dass es sich bei diesen Verdrängungen nicht nur um Konflikte etc. handelt (s. o.), sondern um echte Traumata, also Verletzungen, z. B. durch so schlimme Erlebnisse – in unserer (frühen) Kindheit –, dass wir ohne (psychotherapeutische) Hilfe nicht über sie hinwegkämen, deshalb ein ganzes Leben lang unter ihnen leiden müssten und soz. unseres Lebens nicht mehr froh würden, was man bekanntlich als »Depression« bezeichnet (lat. »deprimere« = niederdrücken, Passiv »depressi« = niedergedrückt werden).

Von daher also mein Rat, nach Möglichkeit ehrlich, aufrichtig und wahrhaftig zu sein – vor allem sich selbst gegenüber! – also gerade sich selbst nicht zu belügen (»in die eigene Tasche lügen«), sondern der Wahrheit (über sich selbst) ins Auge zu sehen, dem

Blick in den Spiegel nicht auszuweichen und den Tatsachen (des Lebens) ins Gesicht zu blicken, d.h. sich keine Illusionen (=Wunschträume) über sich selbst zu machen, auch wenn das zunächst einmal unangenehm und vielleicht sogar schmerzhaft ist.

Schon Jesus sagte: »Die Wahrheit wird euch frei machen« (Joh. 8, 32). Wenn wir nämlich uns selbst hinters Licht führen (wollen), können wir ja (auch) uns selbst nicht mehr (ver)trauen – geschweige denn anderen! –, d.h., wir werden misstrauisch und verlieren unser Selbst-Vertrauen (im wahrsten Sinne des Wortes!), was Alfred Adler (ein weiterer Psychoanalytiker) als »Minderwertigkeitskomplex« bezeichnete (s.o.).

Die Wahrheit kommt sowieso irgendwann und irgendwie raus (»Lügen haben kurze Beine«). Und sie hat – wenn sie erst einmal an- und ausgesprochen, angekommen, angenommen und »verdaut« ist – eine heilsame Kraft und eine vitalisierende (belebende) Wirkung, die uns letzten Endes hilft und gut tut.

Neuerdings wird allerdings die Existenz echter Neurosen im Freud'schen Sinne – also als »ausgewachsene« Krankheit – angezweifelt. Zwar soll es auf jeden Fall neurotische Symptome geben – dazu zählen etwa auch die sog. »Freud'schen Fehlleistungen« (»Zur Psychopathologie des Alltagslebens« von 1901), z.B. peinliche Versprecher wie »Hausfreund« statt »Hausherr« oder »Schweinehund«

statt »Schäferhund« (sollen aus dem »Unbewussten« stammen und deshalb dessen Wahrheiten enthüllen). Ob aber wirklich eine behandlungsbedürftige seelische Krankheit nur daraus entstehen kann, dass wir uns um die Lösung verdrängter Konflikte drücken, erscheint heute zweifelhaft.

Trotzdem war Freud's Entdeckung ganz überwiegend eine Offenbarung über die wahren Verhältnisse in unserem Seelenhaushalt und hat uns gelehrt, behutsamer und vorsichtiger mit anderen und mit uns selbst umzugehen. Sie bedeutete natürlich auch eine sog. »narzisstische Kränkung« – also eine Beleidigung unseres evtl. hochmütigen (»aufgeblasenen«) Ego (»Ich«), das nicht einsehen wollte/will, dass es nicht die (alleinige) Kontrolle über unser Seelenleben hat und seine Herrschaft über unsere Psyche sehr begrenzt ist, es vielmehr oft Kämpfe mit sich selbst und seinen verschiedenen seelischen Komponenten (Bestandteilen) ausfechten muss (s.o.).

Deshalb spricht ein anderer Psychologe (Friedemann Schulz von Thun) von einem »inneren Team« in unserer Psyche – ein Bild, das wohl sehr anschaulich die Situation in unserem Inneren wiedergibt, wo verschiedene Strebungen, Tendenzen (Richtungen), Intentionen (Absichten) und Wünsche miteinander im Clinch liegen, sodass wir uns oft nicht entscheiden können, sondern hin und her gerissen sind und unter »gemischten« Gefühlen leiden, was man in der Psychologie als »Ambivalenz« (»Zwei-/Doppel-

Deutigkeit/-Wertigkeit«) bezeichnet. Diese ist also zunächst völlig normal und wird nur bei Übersteigerung krankhaft, z. B. wenn wir überhaupt keine Wahl mehr treffen, uns gar nicht mehr entscheiden können und deshalb wie gelähmt sind. Dazu gibt es die schöne Fabel von »Buridans Esel«, der zwischen zwei (gleichen) Heuhaufen verhungert, weil er nicht weiß, welchen er zuerst fressen soll!

Dabei ist auch wichtig, dass wir lernen, auf unsere (zunächst sehr leise) innere Stimme zu hören, die uns nämlich sagt, was für uns gut und richtig ist, wenn wir nur auf sie achten, d. h. in uns hineinhören und uns nicht von anderen irre machen lassen, die uns etwas (ihre eigene Meinung) einreden wollen.

Damit wünsche ich Dir (mal wieder) ein zufriedenes (und glückliches) Leben und grüße Dich – und Deine ganze Familie – sehr herzlich

Dein Opa

8. Brief

Liebe Paula!

Heute möchte ich Dir einige Erkenntnisse über die Liebe mitteilen – soweit sie sich mir erschlossen haben! Dazu möchte ich Dich vorab schon einmal bitten, für diese Liebe – die m. E. das Grundprinzip (das »Axiom« = die »General-Voraussetzung«), aber auch das Geheimnis der ganzen Welt ist – offen zu sein (Nicht umsonst heißt es in 1. Joh. 4, 6 »Gott ist Liebe«). Denn die Liebe ist der »Ur-Grund« des Lebens, der uns wie eine Pflanze in der »Erde« Wurzeln schlagen, der Dünger, der uns wachsen und gedeihen, die Sonne, die uns erblühen und reifen lässt – als Menschen! – und das »Wasser des Lebens«, das unseren seelischen Durst stillt.

Ich meine aber nicht (nur) diese »große« Liebe (s. u.), sondern auch die kleine zu allen (möglichen) Menschen, die Dir begegnen – und die zu Dir z. B. nett, höflich, freundlich, hilfsbereit, gefällig und »lieb« sind, aber auch zu Tieren und Pflanzen (Blumen!) – ja der ganzen Natur! –, an der/denen wir uns erfreuen und die wir lieben können, wenn wir »achtsam« sind, d. h. sie in ihrer Eigenart (be)achten und in ihrer wahren »Natur« erkennen!

Über die Verliebtheit – soz. als Vorstadium der (echten) Liebe – habe ich Dir ja schon etwas geschrieben. Aber was ist nun diese echte Liebe? Darüber haben sich kluge Leute schon zu allen Zeiten den Kopf zerbrochen, aber keiner konnte sie erschöpfend ergründen – auch ich kann das sicher nicht! (Am bekanntesten ist wohl das Büchlein »Die Kunst des Liebens« von dem jüdischen New Yorker Psychoanalytiker Erich Fromm). Aber ich kann Dir schon jetzt und hier verraten, dass sie das Größte und Schönste ist, was es auf Erden gibt – und eigentlich das Einzige, für das es sich wirklich zu leben lohnt – in allen ihren Formen (s.u.)!

Schon die altgriechischen Philosophen Platon (»Phaidon«) und Aristoteles (»de anima« = »Über die Seele«) haben sich tiefgründige Gedanken über die Liebe gemacht. Nach Ersterem wurde die nicht-erotische Liebe auch »platonische Liebe« genannt. Von Letzterem stammt die folgende Einteilung:

Da wäre zunächst die »Philia«, also die Freundschaft, eine soz. selbstlose, (zunächst) zweckfreie Liebe zwischen Menschen gleichen oder verschiedenen Geschlechts (manche bezweifeln, dass es echte Freundschaft – und sonst nichts! – geben kann zwischen Mann und Frau), die sich mögen, sich sympathisch und anziehend finden, sich vertrauen, aufeinander bauen und zusammen soz. durch dick und dünn gehen, miteinander »Pferde stehlen«, sich gegenseitig helfen, unterstützen, schützen und Freude und Leid miteinander teilen.

Dies schließt durchaus auch ein, dass wir uns auseinandersetzen und die Wahrheit sagen, also offen und ehrlich zueinander sind und – gerade deshalb – uns vertrauen und aufeinander verlassen können. Insofern ist die Freundschafts-Liebe eigentlich die schönste und reinste Form der Liebe überhaupt. Denn sie begehrt nichts – außer dem Zusammenhalt – und gibt gern, ohne immer gleich auch nehmen zu wollen (vgl. dag. unten)!

Sicher weißt Du schon selbst, wie schön es ist, eine beste Freundin zu haben, vor der Du keine Geheimnisse hast, der Du alles anvertrauen, über alles reden und auch alles teilen kannst, die zu Dir hält, auch wenn es Dir mal nicht so gut geht, Du Kummer und Sorgen hast, schlecht gelaunt, ängstlich, wütend oder verzweifelt bist, obwohl sie eigentlich nichts davon hat, wenn sie Dich trotzdem unterstützt, Dir beisteht und Dich tröstet – umgekehrt natürlich genauso!

Diese Gegenseitigkeit ist – auf lange Sicht – die Voraussetzung für eine gelingende Freundschaft. Das heißt, Euer Gefühls-Konto sollte letzten Endes ausgeglichen sein und keine allzu großen Defizite (Verluste) oder Soll-Stände (»Minus«) aufweisen – also muss auf die Dauer jeder vom anderen genauso viel profitieren wie umgekehrt. Wenn die Bilanz nämlich ständig unausgeglichen, soz. in Schieflage ist, also der eine mehr gibt, als er vom anderen zurückbekommt, entsteht mit der Zeit Unmut, Unzufriedenheit und Antipathie (Abneigung), was einer Freundschaft nicht gut tut. Deshalb gilt gerade für die Freundschaft »Gleich und gleich gesellt sich gern«.

Die wahrscheinlich heutzutage am wenigsten angesehene Form der Liebe ist die (christliche) Nächstenliebe – griechisch »Agape« –, die sich um andere kümmert, die vielleicht allein nicht (mehr) zu recht kommen, etwa weil sie alt, krank oder behindert sind, die auch evtl. gar nichts zurückgeben können, sondern auf uneigennützige Hilfe einfach angewiesen sind, und andere diese ihnen gewähren, nur weil sie auch Menschen sind, die – ebenso wie wir selbst! – das Recht auf ein Leben in Würde, Sicherheit und Geborgenheit haben. Diese selbstlose Liebe hat z. B. Jesus gepredigt (»Liebe deinen Nächsten wie dich selbst« – Mt. 5, 43). Dabei wird gleich deutlich, dass wir auch uns selbst lieben nicht nur dürfen, sondern sogar sollen, denn nur wer sich selbst liebt, kann auch andere lieben!

Uns selbst zu lieben lernen wir aber nur dann, wenn wir von anderen geliebt wurden/werden – am besten von unseren (eigenen) Eltern –, was bei Dir (glaube ich) ganz sicher der Fall ist! Zur Not (wenn die Eltern nicht können oder nicht wollen z. B. weil sie krank, alt oder tot sind) tun es aber auch »Ersatz (z. B. Adoptiv-/Pflege-)Eltern« oder eben andere liebevolle Bezugspersonen (Großeltern, Tanten/Onkel, ältere Geschwister usw.), die sich um ein Kind kümmern, es »an Kindes Statt« annehmen, versorgen und lieben. Denn ganz ohne Liebe kann ein (kleines) Kind sich nicht entwickeln und entfalten zu einem vollwertigen, Lebens- und Liebes-fähigen Menschen, sondern es müsste dann immer ein menschlicher Krüppel, seelisch unterentwickelt, »krank« und geistig behindert bleiben.

Wenn wir allerdings genauer hinschauen, ist auch diese Nächsten-Liebe nicht ganz so selbstlos (»altruistisch«), wie es auf den ersten Blick scheint: denn vielen Menschen macht das anderen helfen Wollen und Können tatsächlich Spaß, Freude und Vergnügen, sie fühlen sich wohl dabei und empfinden diese Tätigkeit für andere einfach schön und auch für sich selbst als Gewinn. Denn: »Gutes Tun tut gut«!

Auf die Jesus von den Pharisäern listig gestellte Frage (damit wollten sie ihn reinlegen, weil sie glaubten, er wüsste keine Antwort): »Wer ist denn mein Nächster?« antwortete Jesus mit dem Gleichnis vom »barmherzigen Samariter«, der dem am Wegesrand liegenden Opfer eines Raubüberfalls hilft, indem er seine Wunden verbindet und ihn in eine Herberge bringt (damals gab es noch keine Krankenhäuser), dem Wirt aufträgt, sich um ihn zu kümmern, und ihm auch die Miete im Voraus zahlt. Daraus ergibt sich die Antwort: »Der ist mein Nächster, der mich gerade braucht« (Mt. 22, 35-40, Mk. 12, 28-34, Luk. 10, 25-37)!

Jesus hat sein Liebes-Gebot (s. o.) aber noch ausgeweitet und sogar verlangt: »Liebet eure Feinde« (Mt. 5, 44), was bis heute auf Unverständnis und Ablehnung stößt, weil das angeblich eine Zumutung und zu viel verlangt sei, denn ein normaler Mensch könne das nicht leisten und bringe das gar nicht fertig. Ich glaube aber, dass Jesus dabei psychologisch sehr geschickt bis raffiniert gedacht hat: Wenn es uns nämlich tatsächlich gelingt, einen Feind zu lieben, d.h. ihn zu akzeptieren, ihn in seiner Andersartigkeit anzunehmen, seine Position gelten zu lassen, auch seine Schattenseiten hinzunehmen und seine »Bösartigkeit« zu tolerieren, dann ist er gar nicht mehr unser Feind, d.h., wir haben ihn soz. entwaffnet, er kann uns nicht mehr gefährlich werden, wir brauchen ihn nicht mehr zu fürchten, uns ständig mit ihm zu beschäftigen und auseinandersetzen, sondern wir haben (innerlich) von ihm Abstand, vor ihm Ruhe und können ihm deshalb ganz gelassen begegnen!

Jedoch die größte und schönste, die wichtigste und stärkste, erfüllendste und beglückendste, wunderbarste, großartigste, herrlichste, zauberhafteste, aufregendste, tiefgreifendste, aufwühlendste und erschütterndste – aber auch die unheimlichste, machtvollste, gefährlichste und riskanteste – Form der Liebe überhaupt ist die Liebe zwischen Mann und Frau (manchmal auch als gleichgeschlechtliche Liebe), d.h. die Geschlechts-Liebe (»Eros«), die also auch die Sexualität mit einschließt, teilweise von ihr lebt, durch sie gestützt und beflügelt wird, aber nicht nur sie allein ausmacht und sich nicht nur in ihr erschöpft, sondern über sie hinausgeht und alle Bereiche des Lebens und des Menschseins umfasst – also (im besten Fall) auch die anderen Formen der Liebe (s. o.).

Oder wie es schon der Apostel Paulus beschrieben hat in seinem 1. Brief an die Korinther: »Nun aber bleibt Glaube, Hoffnung, Liebe – diese drei; aber die Liebe ist die größte unter ihnen«.

Diese gute, echte und wahre Liebe zwischen Mann und Frau ist aber eigentlich nicht (nur) ein Gefühl – das könnte ja auch relativ schnell wieder nachlassen, abklingen, abflauen, vergehen, verschwinden, verfliegen und sich verflüchtigen (s. die »Verliebtheit«) –, sondern sie ist in Wahrheit eine Haltung, eine Einstellung zu einem Menschen aufgrund einer einmal getroffenen, gezielten Entscheidung – natürlich unter dem Eindruck dieses alles überwältigenden Gefühls des sich zum anderen hingezogen Fühlens –, aber auch als ganz bewusste Wahl gerade dieses einen Menschen zum (der Absicht nach) lebenslangen Partner/Partnerin, mit dem/der man (möglichst) bis zu seinem Lebensende zusammenbleiben, mit dem/der man einen Hausstand und eine Familie gründen – also z. B. Kinder haben –, evtl. ein Haus bauen oder kaufen, sein Einkommen sowie Freud und Leid teilen und in guten und in schlechten Tagen zusammenhalten will, was natürlich auch den bewussten und gewollten Ausschluss aller anderen, potentiell (theoretisch) ebenfalls als Partner/in in Frage kommenden anderen Menschen einschließt (»Monogamie« = Einehe).

Diese durch die körperliche Vereinigung besiegelte Lebensgemeinschaft (»Sie werden ein Fleisch sein« – Mt. 19, 5) – in der Katholischen Kirche ist die Ehe (gerade auch in ihrer körperlichen Form) sogar ein »Sakrament«, also eine heilige Handlung – ist die (dann auch durch das bürgerliche Gesetzbuch gesellschaftlich anerkannte und durch die Trauung kirchlich abgesegnete) Form des Zusammenlebens der Geschlechter, die sich immer noch am besten bewährt hat – trotz der relativ hohen Scheidungs-Zahlen (ca. ein Drittel aller Ehen) –, weil gerade sie auch für das Heranwachsen von Kindern die besten Voraussetzungen bietet – und Kinder sind ja bekanntlich die Grundlage, die Basis, das Fundament jedes Gemeinwesens und somit auch unseres Staates, denn »Kinder sind die Zukunft«! (Deshalb ist es durchaus bedenklich, dass bei uns für die Erhaltung unseres Volkes nicht genug Kinder geboren werden). Aber auch für die potentiellen (= möglichen) Eltern stellt die verfasste (d.h. gesetzlich anerkannte) Form der bürgerlichen Ehe einen zusätzlichen Halt, einen diesen Bund festigenden, stabilisierenden Faktor dar insofern, als es dem Ehe-Paar eben nicht mehr so ohne Weiteres freisteht, zusammenzubleiben oder nicht, sondern ihnen dieser »(Ehe-)Vertrag« zum Bewusstsein bringt, dass die Eheschließung auch eine gesellschaftliche Verpflichtung bedeutet. Andere wieder meinen, dass gerade dieser Zwang dem Paar den Geschmack am Zusammenbleiben verdirbt und verleidet, weil sie lieber aus freien Stücken und nicht nur wegen der gesetzlichen Bestimmungen verbunden sein und bleiben wollen, und weil diese Unfreiwilligkeit die Liebe eher tötet (»Die Liebe ist ein Kind der Freiheit«). Deshalb finde ich es gar nicht schlecht, dass heute auch viele andere, freiere Formen des Zusammenlebens von Männern und Frauen gesellschaftlich mehr oder weniger anerkannt sind.

Eine intakte Familie mit stabilen Verhältnissen und verlässlichen Beziehungen ist aber die Grundlage dafür, dass ein Kind in ihrem Schutz mit der nötigen Ruhe wachsen und reifen kann. Eine solche »gesunde« Familie ist ein Schon-Raum, der dem noch nicht in sich gefestigten Kind die nötige Sicherheit und Geborgenheit, Nähe und »Nest-Wärme« bietet – wie ein Brutkasten –, um das sog. Grund- oder »Ur-Vertrauen« (E. Erikson) zu entwickeln, damit es sich in seinem (Familien-)Kreis wohl und heimisch, in der Welt angenommen, willkommen und zu Hause fühlen kann. Denn das ist die Voraussetzung dafür, dass wir ein Leben führen dürfen, das nicht überwiegend von Sorgen verdüstert und von Ängsten überschattet ist, sondern das wir mit Spaß und Freude (an uns selbst und allen/allem anderen) genießen können. Und (relativ) gut funktionierende Familien sind deshalb auch die »Keimzellen« des Staates, ohne die Anarchie (Willkürherrschaft) und Chaos (Unordnung) ausbrechen, und nicht die ausgleichende Gerechtigkeit, sondern das Recht des Stärkeren herrschen würde, weil wir nur in einer solchen Familie Pflichtbewusstsein, Verantwortung, Mitgefühl (»Empathie«), Zuneigung, Zärtlichkeit und Liebe erfahren und lernen können (s. o.).

Die schönste Beschreibung der Liebe – in allen ihren Formen! – steht übrigens im Neuen Testament, und zwar 1. Kor. 13, 1–8 (solltest Du einmal dort nachlesen). Und das schönste Liebes-Lied/-Gedicht findet sich im Alten Testament, das sog. »Hohelied Salomos«, in dem der Geliebte und die Geliebte die (körperlichen) Vorzüge des jeweils anderen in den höchsten Tönen loben und preisen.

Damit soll es fürs Erste genug sein. Vielleicht fällt mir ja noch etwas zum Thema »Liebe« ein, was ich Dir dann im nächsten Brief schreiben kann.

Für heute ganz liebe Grüße (an die ganze Familie) und besonders viel Liebe für Dich

Dein Opa

9. Brief

Liebe Paula!

Zum Thema »Liebe« ist mir gerade nichts Gescheites mehr eingefallen. Dafür aber etwas zu einem noch viel schwierigeren Thema – soz. zum Gegenteil –, und zwar dem Leid:

Vor 2600 Jahren lebte in Indien Prinz Buddha, der im Luxus aufgewachsen war.

Sein Vater, der König, hatte ihn im Palast eingeschlossen, um ihn vor den Tatsachen des Lebens zu bewahren. Aber mit 29 Jahren entwischte er und ging durch die Straßen der Stadt. Da sah er plötzlich Kranke, Alte, Sterbende, Verletzte, Krüppel, Arme, Hungernde und Einsame, und er erkannte, dass dies alles seine Brüder und Schwestern waren, und dass auch sein Vater ihn nicht vor dem Leid der Welt abschirmen und schützen konnte. Deshalb setzte er sich unter einen Bodhi-Baum und meditierte* in der Stille. Dabei kam ihm die Erleuchtung, dass Leben

---

* Meditieren« heißt, »in sich gehen«, »sich (in sich selbst) versenken«, (an) nichts denken, nur »atmen« (sich auf den Atem konzentrieren), nur »ganz da Sein« (man nennt das »Achtsamkeit«). Das ist gar nicht so leicht; man muss es lernen – am besten von einem »Meister« (»Guru«) –, und dann jahrelang (täglich) »üben« (»Übung macht den Meister«)!

(auch) Leiden heißt, und dass dieses Leiden in unserem »Ego« liegt, also an unserer Ich-Bezogenheit. Wenn es uns aber gelingt – im Laufe eines ganzen Lebens – dieses »Ich« loszulassen, also uns von uns selbst zu lösen, d.h. uns selbst nicht mehr so wichtig zu nehmen, dann werden wir auch von diesem Leiden erlöst. Das Ziel des irdischen Lebens ist ja im Buddhismus (und im indischen Hinduismus) das Nirvana, das nach meinem Verständnis einfach »Freiwerden vom Ich« bedeutet (s. meinen nächsten Brief).

Ich weiß, dass die Lehre (»Dharma«) dieser »Religion ohne Gott« (Buddhismus) noch »zu früh« ist für Dich. Denn bevor ich mich loslassen kann, muss ich mich erst einmal finden, also herauskriegen, wer ich eigentlich bin (und wer ich nicht bin!), d.h. meine Selbstheit entdecken und mein Selbst(wert)gefühl entwickeln, was man in der psychologischen Fachsprache »Identität« (= Übereinstimmung mit sich selbst) nennt – so weit das überhaupt möglich ist!

Für die Christen – von denen die wenigsten den Buddhismus kennen – war diese Tatsache, dass es Leid gibt in der Welt, schon immer ein Ärgernis und ein Stein des Anstoßes, weil sie Gott – der ja als gerecht, gütig, barmherzig und allmächtig gilt – den Vorwurf nicht ersparen konnten und wollten: »Warum lässt du das zu?« (z.B. dass schon Kinder und sogar Ungeborene leiden und sterben müssen, dass Unrecht und Ungerechtigkeit herrscht, dass es schlechten Menschen scheinbar gut geht, dass Natur-Katastrophen Städte und Dörfer verwüsten oder dass manche Menschen so viele Schicksalsschläge abbekommen, dass ihr Leid und ihr Schmerz ihnen zu groß wird, und sie deshalb nicht mehr weiterleben wollen und können usw.). Und deshalb versuchten schon viele Theologen (»Gotteskundler«) über die Jahrhunderte hinweg immer wieder eine Rechtfertigung Gottes angesichts des Leids und Elends in der Welt (sog. »Theodizée«).

Aber m. E. ist es noch keinem gelungen, diesen Widerspruch wirklich aufzulösen, dass ein angeblich guter, gerechter, lieber und allmächtiger Gott auch Unrechtes, Böses, Schlechtes und Schlimmes zulässt. Die meisten Theologen wiesen darauf hin, dass es dem Menschen aufgrund seiner (Willens-)Freiheit freistehe, zu wählen zwischen Gut und Böse, dass er sich also frei entscheiden könne und müsse, dass das Böse somit nicht von Gott komme, sondern von den Menschen, und dass sie deshalb am Leid und Elend der Welt eigentlich selbst schuld seien –; aber das kann man auch nicht so ohne Weiteres einfach behaupten, finde ich (warum hat Gott uns Menschen nicht »besser« ge/erschaffen?!).

Da jedoch Jesus, der »Sohn Gottes«, (angeblich) für uns gelitten hat und für uns zuletzt am Kreuz gestorben ist – wie Du im Religionsunterricht sicher schon gehört hast –, können die Christen immerhin davon ausgehen, dass auch er dieses Leid der Menschheit kennengelernt und am eigenen Leib erfahren, ja sogar bis zum »bitteren Ende« ausgekostet hat. Und sie haben deshalb die Beruhigung, dass er auch um die Schattenseiten der menschlichen Existenz weiß, was vielleicht schon einen gewissen Trost bedeutet.

Meine persönliche Einstellung zum Leid – das leider keinem Menschen erspart bleibt, und das auch ich in meinem Leben schon reichlich erdulden musste –, ist die Einsicht, dass diese schmerzlichen Erfahrungen uns weiterbringen, uns wachsen und reifen lassen, uns zu mehr Gelassenheit und Sicherheit, Unerschütterlichkeit und Tapferkeit, Stärke und Widerstandskraft verhelfen (»Was mich nicht umbringt, macht mich stärker«), sodass wir diese »Schule des Lebens« als nützlich annehmen und als einfach zum Leben dazu gehörig akzeptieren sollen und müssen und deshalb – natürlich erst hinterher – vielleicht sogar in diesem Sinn dankbar sein können für eine Krise, einen Schmerz, eine Verletzung, eine Niederlage usw., den/die wir erlitten (und überwunden!) haben.

Das sind aber Themen, mit denen Du Dich in Deinem jugendlichen Alter eigentlich noch nicht zu beschäftigen brauchst, und ich entschuldige mich deshalb auch ausdrücklich bei Dir, dass ich Dir das jetzt schon zumute. Gerade bei diesem Brief denke ich daher, dass Du ihn wohl später noch einmal lesen solltest und dann vielleicht auch besser verstehen kannst (das gilt auch für den nächsten Brief)?!

Damit grüße ich Dich ganz herzlich und wünsche Dir Alles Liebe und Gute – vor allem, dass Dir größeres Leid erspart bleiben möge!

Dein Opa

10. Brief

Liebe Paula!

Meinen (vorläufig?) letzten Brief möchte ich auch dem letzten Kapitel unseres Lebens widmen – dem Tod. Der ist für Dich natürlich noch in weiter Ferne – und gerade ich wünsche Dir nicht nur ein glückliches, sondern auch ein langes Leben! Aber genau das wissen wir Gott sei Dank nicht: wann wir sterben werden – und das ist auch gut so! Stell Dir nur mal vor, wie schrecklich und grausam das wäre, wenn wir unseren Todestag auf Jahrzehnte im Voraus genau wüssten!

Die meisten Menschen haben Angst vor dem Tod und verdrängen ihn deshalb, so gut sie können. Das heißt, sie tun so, als ob es ihn gar nicht gäbe und sie ewig leben würden. Aber unterschwellig wissen wir alle natürlich doch, dass wir endlich sind, und die Verdrängung bewirkt ja nicht, dass dieses Wissen »weg« ist, sondern nur, dass es aus unserem Bewusstsein verschwunden ist. (Das ist übrigens der wichtigste Unterschied zum Tier, das von seinem Tod eben nichts weiß). Aber unbewusst macht es uns umso mehr zu schaffen, ängstigt uns und bewirkt in uns, dass wir uns unglücklich fühlen – also unser Leben nicht richtig genießen können – und vielleicht sogar depressiv werden, also tieftraurig (s. meinen 5. und 6. Brief).

Vielleicht aus dieser Angst vor dem Tod heraus sind die Religionen auf das ewige Leben gekommen (nicht nur das Christentum), also das (Weiter-) Leben nach dem Tod im Himmel oder bei Gott usw. Die Christen schließen das daraus, dass auch Jesus an Ostern (»am 3. Tag«) wieder auferstanden und später in den Himmel aufgefahren sein soll. Und da er (auch) ein Mensch war, soll er uns vorangegangen sein und wir könnten ihm nachfolgen, also nach einem gottgefälligen Leben auch wie er zur Rechten Gottes sitzen – oder zumindest (vielleicht) zu seinen Füßen – oder wie auch immer man sich das vorstellen mag (am besten gar nicht!). Mich überzeugt diese Botschaft leider nicht, denn ich kann mir weder vorstellen, dass ich ohne Leib – nur als freischwebende Seele – weiterleben kann und will – noch dass mir das Leben bei Gott in Ewigkeit wirklich gefallen würde. Wohl deshalb kam der Hinduismus (in Indien) auf die Idee von der »Seelen-Wanderung«, dass also die Seele nach dem Tod sich vom Körper löse und einen neuen Leib suche – und zwar im Augenblick der Zeugung – und somit wieder ins Leben zurückkehre. Dies ist für Hindus allerdings überhaupt kein erstrebenswertes Ziel! Vielmehr versuchen sie, durch ein reines und gutes Leben die Erlaubnis zu erhalten, aus dem »Rad des Lebens« aussteigen und ins »Nirvana« (s. Buddhismus) eingehen zu dürfen –, wenn sie im Laufe ihrer vielen Leben genug positives »Karma« (die Summe aller unserer guten und schlechten Taten) angesammelt haben!

Natürlich habe auch ich Angst vor dem Sterben, denn ich weiß nicht, wie das sein wird: ob ich Schmerzen haben werde, Atemnot oder Übelkeit oder ob ich friedlich »einschlafen« darf. Weil ich aber schon bei vielen Sterbenden dabei war (als Arzt), habe ich diese Angst etwas verloren. Denn ich merkte: Wir sterben so, wie wir gelebt haben. Und deshalb versuche ich, ein möglichst gutes Leben zu führen, d. h. ein Leben, in dem ich mich für andere einsetze und nützlich mache – und ein solches gutes Leben (und Sterben!) wünsche ich Dir auch!

Und einerseits gibt es eine moderne Sparte der Medizin, die sog. Palliativ-Medizin von lat. Pallium = Mantel (der die Sterbenden schützend einhüllt), die sich darum bemüht, den Menschen das Sterben so leicht und angenehm wie möglich zu machen (z. B. auf speziellen Stationen oder im Hospiz), sodass wir vor diesen evtl. ungünstigen Begleit-Umständen und Symptomen eigentlich keine so große Angst mehr haben müssen. Und andererseits gibt es ganz wunderbare Schilderungen von sog. »Nahtod-Erlebnissen«, also von Menschen, die zwar »klinisch tot« waren, d. h. deren Atmung und Herzschlag ausgesetzt hatten, die aber wiederbelebt (reanimiert) wurden – z.B. durch Thorax (Brustkorb)-Druck-Massage und Beatmung (= Herz-Lungen-Wiederbelebung) – und deshalb ins Leben zurückgekehrt sind. Die meisten taten das aber nur ungern und wollten lieber da bleiben, wo sie vorher sich aufhielten, weil sie dort glücklich bis selig waren. Sie empfanden sich in diesen Minuten nämlich als außerhalb ihres Körpers, konnten schwerelos sich im Raum bewegen, hatten keine Schmerzen, fühlten sich leicht und frei (von ihrem Körper) und schwebten durch einen dunklen Tunnel in ein strahlendes, helles, warmes, wunderbares Licht, das »überall« war und unendliche, überirdische Ruhe, Wärme, Liebe und »Angenommensein« ausstrahlte, in das sie »eingingen« und sich »aufzulösen« schienen, und das sie als »Himmel« oder »Jenseits« empfanden. Manchmal waren da auch »Licht-Gestalten«, die sie als »Engel« wahrnahmen, oder auch verstorbene Angehörige, die sie begrüßten und »in Empfang« nahmen. Aber an diesem Punkt mussten sie um- und in ihren Körper zurückkehren, und deshalb weiß niemand, ob und wie es evtl. weiterginge. Man kann also aus diesen beglückenden Erlebnissen keinen definitiven Beweis für ein Weiterleben nach dem Tod ableiten. Aber wir können doch davon ausgehen, dass der Tod bzw. das Sterben keineswegs etwas Schreckliches,sondern etwas Schönes und vielleicht sogar etwas Wunderbares ist oder zumindest sein kann! Jedenfalls haben alle, die das erlebt haben, ihre Angst vor dem Tod verloren und manche haben sogar ein ganz neues »spirituelles« (geistliches) Leben begonnen!

Das einzige Schlimme bzw.»Schlechte« am Tod ist deshalb immer noch für die meisten Menschen heute, dass sie – zumindest in ihrer irdischen Form – (wahrscheinlich) aufhören zu existieren. Aber das macht ihnen nur deshalb etwas aus, weil sie sich noch nicht von sich selbst verabschiedet haben, d.h., dass sie ihr »Ego« nicht losgelassen haben (s. meinen letzten Brief). Das kann man lernen z.B. in der (Zen-) **Meditation** (»Sitzen in der Stille«), die nicht nur der Buddhismus lehrt, sondern auch das Christentum. Ich bin z.B. sicher, dass Jesus meditiert hat, wenn er in die »Wüste« ging, um zu »beten und zu fasten« (»40 Tage und 40 Nächte«), vgl. z.B. Mt. 4,1 und Luk. 5,16. Weil diese Meditation – die man viele Jahre lang (ein-)üben muss – uns mit uns selbst konfrontiert, d.h. mit unseren Gedanken, die uns immer wieder auf uns selbst verweisen und zurückwerfen und die wir deshalb (auch) loslassen müssen, um von unserem »Ego« loszukommen (»Wir sind unsere Gedanken«) – können wir nach vielen Jahren der Übung diesen »Ego-losen« Zustand erreichen, der uns auch die Angst vor der Zukunft (und damit vor dem Tod) nimmt, weil wir nur noch in der Gegenwart, d.h. im »Jetzt« leben (Das stetige »Jetzt« ist die »Ewigkeit«!), s. meinen letzten Brief!

Früher habe ich auch einige Jahre lang meditiert – und ich profitiere heute noch davon! Aber ich habe gemerkt, dass man dazu nicht unbedingt sich im Lotussitz (mit untergeschlagenen Beinen) hinsetzen bzw. -knieen, die Hände in den Schoß legen, die Augen schließen und sich ganz »auf den Atem konzentrieren« muss, um in die Stille zu kommen (die so etwas ist wie der »Himmel auf Erden«), sondern dass man in jeder Situation – also auch im Alltag – meditieren, nämlich (sich selbst) abschalten kann, wenn man das vorher lange genug geübt hat (s. o.).

Als Fazit (Schlussfolgerung) sage ich mir einfach, was meinen Tod anbetrifft: Ich lasse mich überraschen – denn niemand (also auch kein Religionsstifter!) hat ihn tatsächlich schon erlebt, und deshalb sollten wir unser Nichtwissen akzeptieren, aber auch hier neugierig sein und bleiben!

Damit verabschiede ich mich – vorläufig – von Dir (nur was meine Briefe anbetrifft!) – und hoffe, dass wir uns gelegentlich über das eine oder andere Thema unterhalten können!

Dein Opa

Ebenfalls bei TRIGA – Der Verlag erschienen

Clemens Craus

Psychoanalyse für den Alltag

Lebensberatung und Lebenshilfe

5. überarbeitete Auflage

Im Geist der Psychoanalyse hat der Autor die größtenteils wie Briefe gestalteten Texte geschrieben. Sie können als Lebensberatung und Lebenshilfe verstanden werden.

Das Buch deckt ein breites Spektrum von Themen ab, die jeden ansprechen und interessieren, den das Leben – seine Probleme und seine Freuden – beschäftigt: Realismus, Echtheit (Authentizität), Selbstfindung (»Wer bin ich?«), Gefühle, Empathie (im Gegensatz zu »Mitleid«), Solidarität, Sprache (Kommunikation), Glück (»flow«), Partnerschaft, »wahre« Liebe, Triebe, (Denk-)Gewohnheiten, Sinn des Lebens, Zeit, Alter, Sterben und Tod, Suizid, »Ewiges Leben«, Religion, Meditation, Achtsamkeit, Ethik, Kultur, Geschichte, psychische Erkrankungen (Depression, Neurose, Psychose, Persönlichkeitsstörungen, Psychosomatik, Sucht) und Psychotherapie sowie das »große Ganze«, die »All-Einheit«, das Universum und die Quanten-Physik.

Hardcover. 49,95 Euro. 1120 Seiten. ISBN 978-3-95828-180-6

eBook. 29,95 Euro. ISBN 978-3-95828-181-3

TRIGA – Der Verlag

Leipziger Straße 2 · 63571 Gelnhausen-Roth · Tel.: 06051/53000 · Fax: 06051/53037

E-Mail: triga@triga-der-verlag.de · www.triga-der-verlag.de